Willy Lützenkirchen

Verbrechen ohne Richter

Mord an der Umwelt in der Bundesrepublik

Kiepenheuer & Witsch

pocket 38

Gesamtherstellung Butzon & Bercker Kevelaer
Umschlag Hannes Jähn Köln
Printed in Germany 1972
ISBN 3 462 00889 7

Für Umweltthemen herrscht Hochkonjunktur – in Presse, Funk, Fernsehen und auf dem Buchmarkt. Bisher bezog sich jedoch die Mehrzahl der Bücher über Umweltprobleme auf nichtdeutsche Verhältnisse: man las über Smogkatastrophen in London, in Tokio, von der Meeresverschmutzung vor New York, über die verseuchte Luft von Los Angeles usw. Das ließ sich als exotische Horrorgeschichten konsumieren.
Das vorliegende Buch bringt zum erstenmal eine unbeschönigte Dokumentation der Umweltverbrechen in der Bundesrepublik. Es ist kein theoretischer Exkurs, keine unverbindliche populärwissenschaftliche Information, sondern ein detaillierter Report über die Situation in allen Teilen Westdeutschlands. Die Fragen, die erörtert werden, beziehen sich auf die tägliche Umweltverschmutzung. Welche Luft atmen die Menschen in Duisburg, Karlsruhe oder Köln? Welches Wasser fließt aus den Hähnen im Ruhrgebiet? In welchem Wasser schwimmen die Urlauber zwischen Borkum und Travemünde? Welche Gifte enthalten die Nahrungsmittel, die wir im Supermarkt oder im Tante-Emma-Laden kaufen? Wer hat den Rhein und den Main vergiftet? Wer verseucht die Seen und macht die Talsperren unbrauchbar? Wer zerstört die Landschaft und die Erholungsgebiete? Wer sind die Schuldigen der Umweltvergiftung zwischen Flensburg und Lindau?
Der Bericht gibt eine deutliche Antwort. Hier werden sie genannt – die Umweltkriminellen in Industrie, Behörden und Politik. Die Täterliste ist lang; sie umfaßt Konzerne, Verwaltungen, Kommunal-, Landes- und Bundespolitiker, Interessenverbände und auch die Landwirtschaft. Alle Fälle und Fakten zeigen: Das oft zitierte Umweltbewußtsein in der Bundesrepublik ist schwach entwickelt, ja kaum vorhanden. Profitmaximierung und wirtschaftliche Wachstumsraten stehen fest auf dem Götzenthron, vor dem Politiker und Industrielle weiter knien. Verbrechen an der Umwelt werden nur ungenügend, meistens aber gar nicht geahndet. Wenn nicht bald umgedacht wird, sind Katastrophen nicht aufzuhalten. Das ist das warnende Fazit dieses Reports.

Über den Autor:
Willy Lützenkirchen arbeitete nach journalistischer Tätigkeit für Tageszeitungen in der Redaktion des »Stern« im Ressort Wissenschaft. Lebt heute als freier Rundfunkjournalist, Fernsehmitarbeiter und Zeitschriftenautor in Leverkusen.

Inhalt

Der tägliche Giftregen .. 14
Schwefeldioxyd .. 16
Kohlenmonoxyd .. 18
Stickoxyde .. 22
Staub .. 22
Kohlenwasserstoffe .. 24
Kölner Raum .. 28
Saarland .. 38
Rhein-Main-Gebiet .. 40
Ludwigshafen und Mannheim .. 42
Duisburg und Niederrhein .. 45
Karlsruhe .. 53
Nordenham .. 55
Mülheim .. 56
München .. 57
Worms .. 59
Dortmund .. 62
Gelsenkirchen .. 66
Gladbeck .. 68
Trinkwasser aus der Kloake .. 70
Der Rhein und seine Nebenflüsse .. 78
Wärmetod der Flüsse .. 85
Der Bodensee .. 88
Die Talsperren .. 91
Das Grundwasser .. 94
Zukunft und Kostenfrage .. 99
Nordsee .. 100
Ostsee .. 108
Zeitbombe Müll .. 116
Die Landschaft stirbt .. 133
Ein Volk von Frühinvaliden .. 140
»Deutschlands Wäsche atmet wieder auf« .. 146
Waschmittel, Kosmetika und Insektengifte im Haushalt .. 150
Umweltforschung .. 157

Vor allen Dingen die Industrie müßte handeln. Denn die Industrie ist doch eigentlich hauptschuldig an dem Umweltproblem. Man sagt manchmal, der Konsument sei doch schuldig – ja aber: was für Waren konsumiert er denn? Man bietet ihm doch immerzu Waren an, er muß kaufen, kaufen, wieder kaufen und viele dieser Waren sind dann in ihren Konsequenzen umweltschädlich, umweltfeindlich. Die Industrie hat eben das umweltfreundliche Auto noch nicht gebaut; sie hat die Verpackung, die in den biologischen Kreislauf wieder eingeführt werden könnte, noch nicht hergestellt.

Robert Jungk in *Modelle für die Zukunft*, Westdeutscher Rundfunk, 1. Deutsches Fernsehen

In der Diskussion um die Umweltkrise wird die Frage nach Urheber und Schuldigem nicht selten zur Geisterbeschwörung. Programmgemäß taucht da wieder der Urdämon des 20. Jahrhunderts auf. »Der technische Fortschritt, der uns teuer genug zu stehen kam«, so sprach Bundesinnenminister Hans-Dietrich Genscher, »zwingt uns heute, unter ungleich höheren Opfern zurückzugewinnen, was wir um seinetwillen vernachlässigt hatten.«

Nicht nur Minister Genscher, mit ihm auch viele Wissenschaftler, Politiker, Publizisten und Vorstandsherren der Wirtschaft verstrikken sich in der Mythologie vom »technischen Fortschritt«. Die Vergiftung von Luft und Wasser, der Lärmterror, die Müllawine, die Zerstörung der Erholungsräume – im Namen des Fortschritts, des Wohlstands und der dynamischen Gesellschaft.

Der Mord an der Umwelt – grausiges Dämonenwerk? Schicksal? Naturkatastrophe wie Sturmflut oder Erdbeben?

Nein. Diese Deutung ist allzu fadenscheinig. Hinter so diffusen Begriffen wie »Fortschritt«, »Technisierung« und »Zivilisation« verschwindet der wirkliche Täterkreis. Die Umweltpropagandisten in Ministerien, Parlamenten, Verwaltungsbehörden, Hochschulinstituten, Interessenverbänden und in den Direktionsetagen der Industriewerke verschleiern so die Verbrechen am menschlichen Lebensraum. Mit den westdeutschen Umweltverbrechern, den konzessionierten und subventionierten Wasserverseuchern, Luftverpestern und Landzerstörern will sich kaum jemand anlegen. Geradezu typisch mutet die Klage des Präsidenten des Deutschen Naturschutzringes, Dr. Wolfgang Engelhardt, an: »Als der Deutsche Naturschutzring ... vor der Gefährlichkeit verschiedener Umweltgifte warnte, da bedrohten ihn gewisse Industriegruppen mit wirtschaftlicher Vernichtung.« Und auch eine Vielzahl von Wissenschaftlern und Medizinern fürchtet die offene Auseinandersetzung, da die Forschungseinrichtungen, in denen sie tätig sind, materiell schon zu eng mit der Wirtschaft verbunden sind. Die großzügigen Geld- und Gerätespenden der Industrie verfehlen nicht ihre Wirkung. Eine Entlarvung der Umweltgangster wird auch so verhindert.

Seit mehr als zwanzig Jahren gilt in der Bundesrepublik das Dogma, daß wirtschaftliches Wachstum absoluten Vorrang vor allen anderen Lebensfragen habe. Die Vorstellung vom ungehinderten Wirtschaftswachstum wurde das Credo der CDU/CSU-Regierungen. Wie zum Beispiel der Fall VEBA (Orsoyer Rheinbogen) zeigt, haben sich auch Sozialdemokraten und Liberale von dieser Glaubenslehre nicht lösen können. Industrieansiedlung wurde und wird auch heute noch um jeden Preis betrieben. Den Projekten und Profiten der Wirtschaft hat sich alles unterzuordnen. Blindlings wird eine wirtschaftliche Expansion vorangetrieben, die die Bedürfnisse des Menschen nicht mehr berücksichtigt. Im Hinblick auf das VEBA-Vorhaben am Niederrhein fragt der Duisburger Oberstadtdirektor Dr. Caumanns: »Wem aber nützt Wirtschaftswachstum, wenn die Menschen abwandern oder nicht wiedergutzumachende gesundheitliche Schäden erleiden?«

Im Wirtschafts- und Gesellschaftssystem der Bundesrepublik, das auf die Vermehrung privaten Nutzens zugeschnitten ist und unter Nutzen vor allem die Häufung materieller Güter versteht, werden Bedürfnisse künstlich entfacht und Absatzmärkte gegen die Interessen der Bevölkerung geschaffen. Nicht das wird entwickelt, was für den Menschen wirklich nützlich und brauchbar ist, sondern vorrangig das, was eine schnellstmögliche Profitsteigerung der Industrie verspricht. Noch immer beherrscht schrankenloses ökonomisches Denken die Szene in der Bundesrepublik. Die Profitideologie der Wirtschaft, die nach wie vor über den Belangen des Gemeinwohls steht, hat ihre äußerste Grenze erreicht, die ohne irreparable Schädigung der Umwelt nicht mehr überschritten werden kann.

Selbst im politischen Establishment zeigen sich erste Ansätze einer Kritik. Im Mai 1971 kam Münchens Oberbürgermeister, Hans-Jochen Vogel, die Erkenntnis: »Wir werden das System in seine Schranken verweisen müssen, wenn unsere Städte, wenn die Natur, wenn wir alle noch eine Zukunft haben sollen ... Nicht jede Steigerung der Zuwachsrate ist gut. Es gibt Zuwachsraten, die zwar dem einzelnen Vorteil bringen, der Gesamtheit aber schwere Nachteile. In solchen Fällen muß es unzulässig sein, die Produktion weiter zu steigern. Nicht jede Vermehrung des Konsums ist gut. Es gibt sinnlosen, ja schädlichen Konsum.«

Der Kampf um wirksamen Umweltschutz hat noch nicht begonnen, weil eine Demontage unseres einseitig ökonomisch orientierten Denkens noch nicht eingesetzt hat. Die zur Zeit bestehende Eigentums- und Wirtschaftsordnung ist ungeeignet für effektive Umweltschutzmaßnahmen. Sie garantiert den Konzernen und übrigen Industrie-

betrieben eine Machtposition, an der die Umweltschutzforderungen selbst engagierter Aufsichtsbehörden abprallen. Gegen die ihrer Meinung nach zu weitgehende Umweltdirektiven wehrt sich die Industrie mit einem beträchtlichen Aufwand an Stellungnahmen. Dabei hat sie konkret kaum etwas zu befürchten. Dazu die Politologen Manfred Glagow und Axel Murswieck: »Schließlich sind die Kontrollbehörden – sowohl vom Ausbildungsstand als auch von der Zahl des eingesetzten Personals her – in der Regel nicht in der Lage, eine gründliche Überprüfung zu garantieren ... Um Industrien im Land oder in der Kommune zu halten bzw. neue Industrien anzusiedeln und damit Arbeitsplätze zu erhalten oder zu schaffen – letztlich aber, um Steuereinnahmen zu steigern ... – werden Vorschriften des Umweltschutzes bewußt großzügig gehandhabt. Nicht ebenso hoch bewertet werden dabei ... die finanziellen Nachteile, die in den Kommunen oder Ländern an Umweltschäden entstehen und für deren Kosten sie schon aufkommen oder die als Schädigungen von der Bevölkerung zu ertragen sind, die aber auch in absehbarer Zeit als monetäre Kosten anfallen können. Der finanzielle Vorteil ist daher oft nur scheinbar oder zeitweilig.«
Trotzdem verfällt die Industrie bei der Erörterung von Umweltfragen in Wehklagen und wohlkalkulierte Kassandrarufe, sobald weitreichendere Investitionen der Unternehmen angeregt werden. So sorgte sich BASF-Generaldirektor Timm bei den Anforderungen der Umweltschützer: »Es geht schlechthin um die Erhaltung der freiheitlichen Wirtschaftsform.« Und die Industrie- und Handelskammer Rheinhessen betonte, alle Maßnahmen, die man der Industrie aufbürde, müßten »wirtschaftlich zumutbar« sein. Die Kosten des Umweltschutzes sollen aber die Profite der Unternehmer nicht verderben. Alle Illusionen vom Umweltbewußtsein der Wirtschaft zerplatzen, wenn zum Beispiel der Vorsitzende der Kommission Umwelt beim Bundesverband der Deutschen Industrie, Hans-Karl Vellguth, erklärt, »daß Unternehmergewinne nicht ausreichen und nicht dazu da sind«, um für die Umweltschutzverbesserungen herzuhalten. Das aber kann nur heißen: Umweltschutz mit dem gleichen Aufwand wie bisher, der die Industrie produzieren und profitieren läßt. Die Erträge bleiben gesichert; der Schutz des menschlichen Lebensraumes ist ungewiß wie eh und je. Bei Form und Ausmaß des heute praktizierten Umweltschutzes braucht die bundes-

deutsche Wirtschaft noch keinen Eingriff in ihr System zu befürchten. Umweltschutz bedeutet in der BRD nur partielle technisch-organisatorische Veränderungen, deren Kosten sich in engen Grenzen halten. Im Gesamtbild der Umweltkrise ist das, was bis heute geleistet wurde, nur kosmetisches Stückwerk. Auf das Verständnis der Umweltpolitiker im Bonner Innenministerium kann die Industrie nicht nur hoffen, sondern geradezu vertrauen. So sieht Staatssekretär Hartkopf in der Forderung nach »überdimensionalen Schutzmaßnahmen« (Hartkopf) eine »unfinanzierbare Utopie«. Ohne dafür auch nur einen Anhaltspunkt oder Beweis zu haben, glaubt Minister Genscher behaupten zu können: »Die soziale Marktwirtschaft wird sich auch im Hinblick auf die Lösung der Umweltprobleme gegenüber anderen Wirtschaftssystemen als leistungsfähiger erweisen. Sie hat genügend wirksame Mittel und Möglichkeiten, Umweltgefahren abzuwehren. Sie macht davon auch zunehmend Gebrauch. In der Wirtschaft setzt sich in steigendem Maße die Erkenntnis durch, daß es auf die Dauer billiger ist, Umweltschäden von vornherein zu vermeiden, als künftig zu ihrer oft kostspieligeren Beseitigung herangezogen zu werden ...« Fazit des FDP-Ministers: »Umweltschutz bedeutet eben nicht Ablehnung von Technik und Wirtschaftswachstum; es soll vielmehr ... ein umweltorientiertes Verständnis der Wirtschaft, einschließlich des Konsums, erreicht werden.«
Am Kern der Umweltproblematik will sich Genscher vorbeimogeln. Denn solange fast ausschließlich unternehmerische Erwägungen und Entscheidungen über Bestand oder Untergang des natürlichen Lebensraumes bestimmen, ist keine grundlegende Verbesserung der Situation zu erwarten. Eingriffe in die unternehmerische Freiheit? Ja, was denn sonst! Wollen wir die nächsten Jahre und Jahrzehnte ohne riesige Umweltkatastrophen überleben, dann muß das heute existierende Wirtschaftssystem einen radikalen Umbruch erfahren. Mit sanften Ermahnungen ist den Umweltverbrechern nicht beizukommen. Als der Heidelberger Naturwissenschaftler Professor Georg Picht auf dem Umweltforum des Verbandes der Chemischen Industrie Ende November 1971 in Bonn die Forderung erhob: Erst dann sollte mit der Herstellung neuer Produkte begonnen werden, wenn alle ökologischen Folgen ausreichend erforscht sind und eine Umweltgefährdung so vermieden werden kann, regi-

strierte DIE ZEIT in den Reihen der Industrievertreter »tumultuarisches Gelächter«. Das Hamburger Wochenblatt sah darin das »ungebrochene Selbstverständnis einer Branche, die den Schutz der menschlichen Umwelt einstweilen noch als Extraservice ansieht ...«

Die Vergiftung der Atemluft und der Wasservorräte, die Zerstükkelung der Erholungslandschaft, das achtlose Wegkippen von Industriemüll und alle anderen Mordanschläge auf die Umwelt – das sind immer noch Verbrechen ohne Richter. Es erscheine fraglich, so die Bochumer Staatsanwaltschaft, ob die Firma, die Tausende von Fässern mit giftigem Cyanidmüll auf einen Abfallplatz in Bochum-Gerthe warf und auch eine Wassergefährdung heraufbeschwor, strafrechtlich belangt werden könne. Einen Strafbefehl über 20 000 Mark erhielt die Leitung des Burbacher Hüttenwerkes in Saarbrükken. Das Unternehmen läßt seit Jahren einen unerträglichen Staubregen auf die nähere und weitere Umgebung niedergehen. Nicht nur die denkbar geringe Höhe der Geldstrafe muß schockieren. Entsetzen löst eine andere Feststellung aus: Das Saarbrücker Gericht wies das Unternehmen mit keinem Wort an, nun endlich Umweltschutzmaßnahmen zu ergreifen.

Wasserverschmutzer erwartet selbst in den USA, aber auch in Italien und Japan drakonische Strafen. Als die US-Firma Chevron eine Ölpest im Meer verursachte, wurde sie zu einer Geldstrafe von einer Million Dollar verurteilt. Nach dem Wasserhaushaltsgesetz können in der Bundesrepublik für Fluß- und Seenvergifter Geldstrafen von bis zu 10 000 Mark verhängt werden. Vorgesehen ist eine Heraufsetzung des Strafmaßes auf 50 000 Mark. In der BRD ist die Einsicht neu, daß Umweltvergehen sozialschädliche und gemeingefährliche Delikte sind – wie auch Brandstiftung oder Sprengstoffanschläge. Der Umweltkriminalität der westdeutschen Chemie- und Mineralöl-Konzerne, der Hüttenwerke und der übrigen Industriezweige steht die Justiz ohne genügendes Rückgrat, praktisch ohne jedes gesetzliche Instrumentarium gegenüber. Wer einen Taxifahrer, Polizisten, Bankangestellten oder eine Prostituierte ermordet, hat mit zehn oder 15 Jahren oder sogar lebenslänglich Zuchthaus zu rechnen. Wer eine Smogkatastrophe verschuldet, wer also trotz bedenklicher Wetterlage riesige Mengen an Schwefeldioxyd und Ruß in die Luft abläßt, die Produktion weiterlaufen läßt und

so für den Tod von 40 oder über 100 Menschen verantwortlich ist (Smogsterben im Ruhrgebiet oder in Karlsruhe), hat nichts zu befürchten. Die Herren über Raffinerien, Chemie-Kombinate oder Stahlwerke können Tötungsdelikte begehen, ohne Anklage, Prozeß und Verurteilung erwarten zu müssen.
Diesen Mißstand hat auch die Arbeitsgemeinschaft Sozialdemokratischer Juristen klar erkannt. Ihre Vorstellungen über ein Umweltrecht sehen eine erhebliche Verschärfung des Strafmaßes vor. Ein Sprecher der Juristenkommission: »Heute ist es doch so, daß ein Umweltverschmutzer das zu erwartende Bußgeld gleich in seinen Preis mit einkalkulieren kann.« Die SPD-Juristen fordern nicht nur eine Geldstrafe, die »den Gewinn übersteigen soll, den der Täter aus der Straftat gezogen hat«, sondern vor allem harte Freiheitsstrafen: Für Umwelttäter aus Industrie, Gewerbe, Landwirtschaft und öffentlicher Verwaltung Haftstrafen bis zu fünf Jahren, für Täter aus anderen Bereichen bis zu drei Jahren. Diese Überlegungen sind immerhin Ansätze, wenngleich bei besonders schweren Delikten längere Freiheitsstrafen ratsam erscheinen. Festzuhalten ist: Mit Geldstrafen von ein paar tausend Mark kommt der Umweltschutz nicht weiter. Von den Konzernen werden auch 20 000 oder 50 000 Mark mit leichter Hand und Achselzucken bezahlt, der Millionenprofit wird dadurch nicht einmal angekratzt.
Natürlich: Umweltschutz praktizieren, das heißt nicht nur Kampf gegen eine Tätergruppe, also die Industrie. Wenn sich auch in der Wirtschaft die militantesten Umweltfeinde befinden, so dürfen andere Umweltkriminelle nicht vergessen werden. Dazu zählen vor allem die Landwirtschaft (Schwerpunkte: Düngung und Tierfutterzusätze), die Verkehrsträger (ob sie nun Lärm oder Abgase erzeugen) sowie viele Städte und Kommunen. Aber auch der einzelne Haushalt wird sich Reglementierungen gefallen lassen müssen: Zum Beispiel müssen Kohle- und vermutlich auch Ölfeuerungen weitgehend eingestellt werden und größeren Verbundnetzen weichen. Gerade für die Städte und Ballungsräume müssen neue Verkehrssysteme nicht nur entwickelt, sondern auch realisiert werden.
Alle Forderungen bleiben leeres Gerede und verführen zur Selbsttäuschung, alles Drängen auf Umweltschutz bleibt Politiker-Show, wenn darin nicht auch die Veränderung der bestehenden Eigentums- und Wirtschaftsordnung eingeschlossen wird. Sogenannte So-

fortprogramme, Bundestagsdebatten, Umwelt-Hearings, Appelle, gelegentliche Warnungen und Mahnungen haben sich als völlig wertlos gezeigt. In einer Karikatur in der »International Herald Tribune« sagt der Firmenboß zu seinem Vertrauten, der auf die luftverpestende Schornsteinkulisse blickt: »5000 Dollar haben wir für die Reinhaltung der Luft ausgegeben. Und 272 000 Dollar, um damit Reklame zu machen.« Das ist haargenau auch die Situation in der Bundesrepublik. In diesem Stil betreiben die Umweltkriminellen in Westdeutschland Umwelt-Public-Relations. Nur staatliche Eingriffe können die Vernichtung des menschlichen Lebensraumes noch aufhalten. Der »point of no return« ist in Sicht, das Zusammenbrechen der ökologischen Ordnung kündigt sich an. Die wilde Fahrt auf dem immer schneller rotierenden Konsumkarussell kann ein jähes, schreckliches Ende nehmen.

Wachstum, Wachstum über alles, über alles in der Welt. – Diese Heilslehre muß von der Bonner Regierung endgültig aufgegeben werden. Wer auf die Einsicht von Bayer, Hoechst, BASF, VEBA, Shell, Erdölchemie, Titan GmbH, Röchling, ARBED, Henkel, Sunlicht, Thyssen oder Caltex hofft, wer auf die Weitsicht des deutschen Unternehmertums setzt, der wird sich sehr bald in einer total ruinierten Umwelt wiederfinden, in einem giftverseuchten Land, das für den Menschen kaum noch Lebensbedingungen bietet.

Echte Erfolgschancen kann die Umweltschutzkampagne nur haben, wenn ihre Forderungen und Ansprüche international koordiniert werden. In naher Zukunft muß zumindest ein einheitliches Vorgehen gegen die Umweltkriminalität auf europäischer Ebene möglich werden. Erst einmal sollten Umweltgesetze und -rechtsverordnungen entstehen, die in Großbritannien ebenso gelten wie in den Niederlanden, Frankreich, Italien, Österreich, Schweden und in der Bundesrepublik. Deutlich genug hat die westdeutsche Industrie gesagt, was sie zu tun gedenkt, wenn ihr die Umweltschutzbestrebungen unerträglich erscheinen. Dann nämlich werde sie ihre Werke nach Belgien, Holland oder nach Frankreich verlegen, weil dort weniger Gewinnverluste für den Umweltschutz zu befürchten seien. Ohne internationale Abkommen versagt jede Umweltstrategie. Im Kampf gegen die Umweltverbrecher bleibt den Regierungen der Industrienationen nichts anderes übrig, als eine gemeinsame Front zu bilden.

Der tägliche Giftregen

In Essen sterben von 10 000 Männern, die älter als 50 Jahre sind, jährlich fast 100 an Lungenkrebs. Im Düsseldorfer Innenstadtbereich liegt der Anteil bei 48 Lungenkrebstoten, in Gelsenkirchen bei 39, in Oberhausen-Süd bei 30. In staub- und abgasarmen Gebieten der Bundesrepublik werden von 10 000 älteren Männern nur sechs Opfer des Lungenkrebses.

Erkrankungen der Atmungsorgane bilden im industriellen Ballungsgebiet Mannheim/Ludwigshafen (über eine halbe Million Einwohner) rund 36 Prozent aller Krankheitsfälle. Der Bundesdurchschnitt beträgt zwölf Prozent. Während des Winters atmet man in den westdeutschen Großstädten täglich die gleiche Menge des Krebserregers Benzpyren ein, wie sie in mindestens 20 und höchstens 240 gerauchten Zigaretten vorkommt.

Die Staubwolken und Giftschwaden der Industrie, die fast ständig über den Städten lagern, halten etwa 20 bis 50 Prozent der Gesamtsonneneinstrahlung und 75 und 95 Prozent der ultravioletten Strahlung zurück. Wegen mangelnder Sonnenbestrahlung kann im Körper der Kinder nicht genügend Vitamin D aufgebaut werden. Es entsteht Rachitis, wobei unter anderem die Schädelknochen erweichen. Im Chemiedunst von Ludwigshafen und Mannheim leiden 30 Prozent aller Neugeborenen an dieser Krankheit, im Rhein-Main-Gebiet 15 Prozent.

Im Rhein-Ruhr-Gebiet werden doppelt soviel Kinder von Asthma und anderen Bronchialerkrankungen befallen wie in smogfreien Gegenden.

Bei zehn- bis zwölfjährigen Kindern aus Gelsenkirchen zeigte sich daß ihre Körpergröße geringer und die Knochenreifung weniger weit fortgeschritten war als bei ihren Altersgenossen aus dem Hunsrück.

Wenn in der Düsseldorfer City die Büros schließen und sich Autokarawanen in die Vorstädte wälzen, erhöht sich der Bleigehalt im menschlichen Blut auf das dreieinhalbfache des Wertes, der noch als unbedenklich gilt. In Frankfurt, Hannover und Stuttgart erreicht er das zweifache des kritischen Pegels.

Die Luft in den Städten der Bundesrepublik ist nicht nur verschmutzt, sondern längst vergiftet. Sie wirkt lebensverkürzend, wie Mediziner und Lufthygieniker bewiesen haben. Chemie-Kombinate, Hüttenwerke, Kraftwerke und Raffinerien haben sich in die Wohngebiete vorgeschoben und die Grünzonen vor der Stadt zerfressen. Kommunalpolitiker und Behörden, im Rausch steigender Gewerbesteuer-Einnahmen, machten es den Industriegiganten leicht, Stadtteile und Siedlungen mit neuen Produktionsanlagen zu umzingeln. In hohem Maße mitverantwortlich für den Giftausstoß ist das Auto. Fast 20 Millionen Kraftfahrzeuge in der Bundesrepublik tragen mit ihren Auspuffgasen zur Luftverseuchung bei. Vom gefährlichen Benzinhauch bleiben Erholungslandschaften ebenso wenig verschont wie die Stadtzentren. Beim motorisierten Aufbruch ins Wochenend durchfluten die Giftschwaden Felder und Wälder.
Die Luft in den Städten und Ballungsgebieten Westdeutschlands enthält mindestens 200, vielleicht aber auch 300 Stoffe, die beim Menschen Krankheiten hervorrufen, Tiere und Pflanzen töten oder schädigen und an Gebäuden oder Autos Materialschäden hinterlassen. Unter den Abgaswolken, Industriedünsten und Smogglocken wird jeder Atemzug zur Giftdusche für den menschlichen Körper. Mit der Stadtluft saugen die Lungen Blutgifte, Zellengifte, Nervengifte, Krebserreger und Substanzen, die die Erbanlagen verändern können, ein. Im Dunstkreis der Industrie und am Rande vielbefahrener Straßen wird das Todesdatum alter und kranker Menschen vorverlegt. Die vergiftete Luft läßt die Wälder absterben, Viehherden und Gemüsekulturen zugrunde gehen.
Jährlich mischen sich in die Luft über der Bundesrepublik acht Millionen Tonnen Kohlenmonoxyd, vier Millionen Tonnen Staub, fast fünf Millionen Tonnen Schwefeldioxyd, zwei Millionen Tonnen Stickoxyde und etwa 7000 Tonnen Blei. Bezogen auf die Gesamtfläche ist die Luft in der Bundesrepublik siebenmal so stark verschmutzt wie in den USA. Der monatliche Staubniederschlag in der Münchner City übertrifft mit 8,7 Tonnen pro Quadratkilometer den von London und Tokio.
Die gefährlichsten Schadstoffe in der Luft über Deutschland verdienen eine Erläuterung, einen nicht nur wissenschaftlichen Steckbrief:

Schwefeldioxyd

Schwefeldioxyd (chemische Formel SO_2) entsteht durch Verbrennung des in Kohle und Erdöl enthaltenen Schwefels, aber auch beim Rösten von Erzen. Nach Angaben der Essener Landesanstalt für Immissions- und Bodennutzungsschutz (LIB) sind die Verursacher der Schwefeldioxyd-Verschmutzung so aufzugliedern: 43,3 Prozent der Gesamtbelastung ist auf Kraftwerke zurückzuführen, 31 Prozent entfallen auf die Industrie, 21 Prozent auf den Hausbrand, 3,2 Prozent auf den Verkehr. Regionale Abweichungen von dieser Aufschlüsselung treten häufig auf; z. B. im Ruhrgebiet, wo der Industrieanteil höher liegt. In Düsseldorf beträgt der stündliche Schwefeldioxyd-Auswurf der Industrie 16 Tonnen, der des Hausbrandes liegt bei 5,5 Tonnen, aber nur während der winterlichen Heizperiode. Ein mittleres Kraftwerk pumpt 10 bis 20 Tonnen SO_2 in die Luft, ein Großkraftwerk rund 40 Tonnen. In den Industriegebieten der Bundesrepublik liegt der mittlere Schwefeldioxyd-Gehalt der Luft bei 0,15 bis 0,3 Milligramm SO_2 pro Kubikmeter Luft. In der Zugspitz-Luft hat der Wert schon 0,1 Milligramm erreicht. Österreichische Wissenschaftler halten diese Konzentration schon für bedenklich. Der Grenzwert (höchste zulässige Belastung) liegt in der BRD bei 0,4 Milligramm pro Kubikmeter, in der UdSSR bei 0,15.
Über mindestens 80 Stunden hinweg überschreiten in Duisburg im Laufe des Jahres die Schwefeldioxyd-Konzentrationen den Grenzwert. Insgesamt gehen über dem Ruhrgebiet 850 000 Tonnen SO_2 nieder; bis 1980 wird mit einer Steigerung auf 1,2 Millionen Tonnen gerechnet. Die höchste Schwefeldioxyd-Belastung haben in Nordrhein-Westfalen die Städte Duisburg, Rheinhausen, Walsum, Marl, Essen, Siegburg und Troisdorf zu ertragen. Aber auch in Gelsenkirchen liegen die durchschnittlichen SO_2-Konzentrationen zehnmal höher als in Westerland/Sylt.
Schon bei Schwefeldioxyd-Konzentrationen von 0,03 Milligramm/m^3 konnten Forscher der Landesanstalt für Immissionsschutz in der Nähe einer Eisenerzrösterei im Westerwald Pflanzenschäden feststellen. Geringe SO_2-Niederschläge, so ermittelten die Wissenschaftler weiter, führen zu erheblichen Ertragseinbußen bei Klee, Rüben, Sommergerste, Spinat und Bohnen. An Gemüsekulturen, die

sich in der Nähe von Erzhütten (mit einer stündlichen Produktion von 500 Kilogramm Schwefeldioxyd) befinden, zeigen sich sehr schnell Schädigungen. Auch die Triebleistungen bei Obstbäumen lassen nach. Bei 0,1 Milligramm SO_2 gedeihen einige Nadelhölzer nicht mehr. Fichten und Kiefern sind daher im Ruhrgebiet kaum noch anzutreffen. Das Schwefeldioxyd dringt in die Spaltöffnungen der Nadeln bzw. Blätter ein und zerstört dort das Protoplasma, die Grundsubstanz der Zellen. Die Zellaktivität wird gelähmt und stirbt schließlich ganz ab.

In der Bundesrepublik sind rund 50 000 Hektar Wald durch Schwefeldioxyd und Fluor geschädigt, davon allein 40 000 Hektar in Nordrhein-Westfalen. Der Land- und Forstwirtschaft und dem Gartenbau entstehen in NRW Schäden in Höhe von etwa 100 Millionen Mark. Forstexperten haben herausgefunden, daß Bäume in der Nähe von erzverarbeitenden Betrieben oft nur ein Drittel des zu erwartenden Stammdurchmessers haben. Schwefeldioxyd wird aber auch mit dem Regen in den Waldboden gewaschen und bildet hier schweflige Säure. Die biologische Aktivität eines Waldgebietes kann so empfindlich gestört werden. Geringe SO_2-Verunreinigungen aus dem Ruhrgebiet zerfressen selbst im Münsterland nach genügend langer Einwirkungszeit Steinplastiken. Die Gesundheit empfindlicher Menschen kann schon durch Schwefeldioxyd-Konzentrationen von etwa 0,1 Milligramm pro Kubikmeter beeinträchtigt werden, wie Dr. Hubert Antweiler vom Medizinischen Institut für Lufthygiene und Silikoseforschung in Düsseldorf bestätigt. Ein niedriger SO_2-Gehalt reizt erst einmal Augen, Schleimhäute und Atemwege. Das Gas macht Auge, Nase, Rachenraum und obere Luftwege anfälliger anderen Schadstoffen gegenüber. Schwefeldioxyd lähmt die sogenannten Wimperhärchen (Epithel), die in den Luftwegen den Staub bremsen und wieder ausräumen.

Höhere Schwefeldioxyd-Konzentrationen rufen Bronchialerkrankungen (auch bei Kindern), Lungenödeme, Magen- und Darmkrankheiten hervor. Besonders ältere Menschen, die chronisch lungenkrank sind, geraten in schwere Krisen. Hohe SO_2-Gehalte verursachen einen wesentlich heftigeren Verlauf der Grippe mit erhöhter Sterberate. Allgemein steigt die Todesrate unter der Bevölkerung sprunghaft an. Das zeigt die Smogkatastrophe im Ruhrgebiet vom 3. bis 7. Dezember 1962 sehr drastisch. Im Raum zwi-

schen Duisburg und Dortmund herrschte an diesen Tagen eine Inversionswetterlage: Kalte Luft liegt unbeweglich über dem Boden, wärmere Luft strömt über der Kaltluftdecke hinweg. Diese stark verschmutzte bodennahe Schicht bleibt ohne Luftaustausch. So stieg denn im Dezember 1962 der Tagesmittelwert für SO_2 auf fünf Milligramm/m^3 an (Staub: 2,4 Milligramm). Im Vergleich zum langjährigen Durchschnitt der Todesrate waren an diesen Tagen 156 zusätzliche Sterbefälle zu verzeichnen.
Schwefeldioxyd kann sich im Körper auch in schweflige oder Schwefelsäure (letztere hat die fünffache Giftigkeit von SO_2) verwandeln. Die Säure kann schließlich das Gewebe zerstören.
Über das künftige Ausmaß der Schwefeldioxyd-Verunreinigungen in der Luft der BRD herrscht keine endgültige Klarheit. Eine Reihe von Wissenschaftlern nimmt an, daß die SO_2-Emissionen bis 1975 um jährlich 25 Prozent ansteigen, danach sei mit einem längeren Stillstand zu rechnen. Dr. Heinrich Stratmann, Präsident der Landesanstalt in Essen, erwartet bis etwa 1980 einen Anstieg um 44 Prozent. Nur das Bundesinnenministerium ist optimistisch: Hier wird mit einer nur zwölfprozentigen Steigerung bis 1980 spekuliert.

Kohlenmonoxyd

Kohlenmonoxyd (chemisches Kürzel CO) entsteht durch unvollständige Verbrennung von Kohlenwasserstoffen. Es ist das Giftgas verkehrsreicher Städte; 99 Prozent der CO-Verunreinigung in der Luft läßt sich auf den Kraftfahrzeugverkehr zurückführen. Tausend Liter Treibstoff ergeben beim Ottomotor einen Kohlenmonoxyd-Ausstoß von 274 Kilogramm.
Die Kommission »Reinhaltung der Luft« des Vereins Deutscher Ingenieure (VDI) schlägt als noch eben ungefährliche Grenzwerte vor: acht Kubikzentimeter CO auf einen Kubikmeter Luft über 24 Stunden, 16 cm^3 auf 1 m^3 Luft über acht Stunden und 80 cm^3/m^3 über eine Stunde. Statt Kubikzentimeter läßt sich auch die Bezeichnung ppm = Teile auf eine Million einsetzen. Die zulässigen Höchstwerte sind in den USA noch niedriger angesetzt: Über acht Stunden maximal neun ppm, über eine Stunde maximal 35 ppm.
Das ist die Wirklichkeit in den Städten der Bundesrepublik: Bei

hohem Verkehrsaufkommen in Atemhöhe 100 bis 300 Teile CO auf eine Million Teile Luft. In München zum Beispiel Spitzenwerte von 130 ppm, Tagesdurchschnitt 22 ppm. Höchstkonzentrationen in Kölner Straßenunterführungen 180 ppm, Tagesmittelwert auf einer stark befahrenen Straße 30 ppm. Tageswert einer belebten Straße in Berlin-Steglitz 32 ppm, Halbstundenwert 61 ppm. Auf den Kölner Rheinbrücken werden während der rush hour stündlich 140 bis 150 Kilogramm Kohlenmonoxyd frei. In der Frankfurter Friedrich-Ebert-Anlage liegt der CO-Gehalt morgens um fünf Uhr bei etwa vier ppm, nach 17 Uhr ist er auf das Fünffache angestiegen.

Das Fahrverhalten im Großstadtgewühl erhöht zwangsläufig die ausgestoßenen CO-Mengen. Leerlauf, Langsamfahren und Beschleunigen lassen besonders viel Kohlenmonoxyd dem Auspuff entweichen. Ganz allgemein ist der CO-Auswurf bei Geschwindigkeiten unter 50 km/h bedeutend höher als bei 50 bis 115 km/h. Eine Kolonnenfahrt in der Stadt mit Geschwindigkeiten unter 35 km/h sorgt für Kohlenmonoxyd-Konzentrationen zwischen 50 und 120 ppm. Die gesundheitlichen Auswirkungen des Straßengifts sind verhältnismäßig gut erforscht. Ein internationaler Kongreß über die Gefahren von CO-Einwirkungen fand beispielsweise Ende Oktober 1971 in Düsseldorf statt; Organisator war die VDI-Kommission Reinhaltung der Luft. Sehr intensiv wird diese Problematik im Düsseldorfer Institut für Lufthygiene erforscht. Alle Untersuchungen zeigen, daß Kohlenmonoxyd eine hohe Anzahl von Gesundheitsschäden hervorruft. Die einzelnen Folgeerscheinungen summieren sich zu einem besorgniserregenden Katalog.

Hier die Zusammenstellung einer Reihe von Erkenntnissen, gewonnen aus Tierversuchen und Experimenten mit Freiwilligen:

a) Selbst bei geringem Kohlenmonoxyd-Gehalt treten Ermüdungserscheinungen und Konzentrationsschwäche auf. Eine größere Dosis läßt Übelkeit aufkommen. Für die Beurteilung der Prozesse im menschlichen Körper ist folgendes von Bedeutung: Kohlenmonoxyd reagiert leicht mit dem roten Blutfarbstoff Hämoglobin, der zur Sauerstoffbindung, zum Sauerstofftransport und zur Sauerstoffabgabe im Körper notwendig ist. Kohlenmonoxyd verdrängt am Hämoglobin den Sauerstoff und bindet sich an den Blutfarbstoff. Die Herzmuskulatur und das Zentrale Nervensystem werden nicht mehr ausreichend mit Sauerstoff versorgt. Das Sauerstoff-Defizit kann auch durch stärkere Durchblutung nicht mehr ausgeglichen werden; es entstehen Funktionsstörungen und Gefäßschäden. Schon bei geringen CO-Konzentrationen sind negative Folgen für den Sauerstoffdruck im Hirngewebe zu befürchten.

b) Bei einem Infarkt verringern sich die Überlebenschancen, sobald nennenswerte Kohlenmonoxyd-Konzentrationen in der Luft enthalten sind. In verkehrsarmen Stadtrandbezirken treten 10 bis 20 Prozent weniger Sterbefälle nach Herz- und Kreislauferkrankungen auf, verglichen mit dem Citybereich. Die chronische Einwirkung relativ niedriger CO-Gehalte beschleunigt die Entwicklung arteriosklerotischer Herzerkrankungen. Bei alten Leuten, die sich vier Stunden hindurch einer Luft mit 100 ppm CO-Gehalt aussetzten, verschlimmerte sich die Blutleerekrankheit (Ischämie) infolge Herzmuskelstörungen.

c) Menschen, die an Anämie (Blutarmut) leiden, werden durch Kohlenmonoxyd sehr leicht geschädigt. Schon geringe Mengen führen z. B. zur Beeinträchtigung des nächtlichen Sehvermögens.

d) Bei 42 Personen zeigten sich bei einem Versuch in Hamburg bei einem Kohlenmonoxyd-Gehalt von 100 ppm über zweieinhalb Stunden hinweg deutliche Leistungsminderungen beim Erkennen von Buchstaben und bei der Finger- und Handgeschicklichkeit. Zuvor schon war die CO-bedingte Beeinträchtigung der Lernfähigkeit bei Ratten bewiesen worden. Bestimmte Reflexe werden langsamer.

e) Wenn für längere Zeit etwa 60 Kubikzentimeter Kohlenmonoxyd im Kubikmeter Luft enthalten sind, wird die Aktivität von Leberfermenten gehemmt (Fermente sind für chemische Umwandlungsvorgänge im Körper nötig).

f) Hohe CO-Gehalte vermindern nicht nur die allgemeine Aufmerksamkeit, sondern auch das Zeitschätzungs- und Beobachtungsvermögen. Sie wirken sich auch auf die Schlaf-Wach-Periodik des Menschen aus.

g) Selbst wenn nur geringste CO-Mengen im Körper enthalten sind, wird der Abbau anderer Schadstoffe aus der Luft stark gehemmt, z. B. der Abbau des krebserregenden Kohlenwasserstoffs Benzpyren.

Fazit der Forschungen der Lufthygieniker und Mediziner: Kohlenmonoxyd ist beinahe ein Universalgift, in jedem Falle hochgefährlich für kranke alte Menschen. Für Autofahrer im dichten Verkehr der Städte wird es ebenso lebensbedrohend. Verschlechtertes Reaktionsvermögen, Nachlassen der Konzentration und die anderen, gerade beschriebenen Folgen erhöhen das Unfallrisiko. Niemand vermag abzuschätzen, wieviel Verletzte und Verkehrstote auf Kohlenmonoxyd-Vergiftung zurückzuführen sind.

Wieviel Millionen Tonnen Kohlenmonoxyd 1980 bei über 19 Millionen Pkw (ohne Lkw und Motorräder u. ä.) in die Luft der Bundesrepublik geblasen werden, das hängt davon ab, ob die Automobilindustrie in den nächsten Jahren zum entgifteten Motor gezwungen werden kann. Über die Kosten für einen »sauberen Auspuff« gab 1971 der Vorstandsvorsitzende der Deutschen Shell AG auf einem Colloquium der Deutschen Akademie für Verkehrswissenschaft Auskunft. Soll der Gehalt des Kohlenmonoxyds und des Kohlenwasserstoffs um 96 bis 97 Prozent vermindert werden, würden also die Autoabgase entgiftet, ergibt sich folgender Kostenaufwand: Eine Anlage zur sogenannten vollkatalytischen Abgasnachbehandlung würde bei jedem Pkw einen Mehrpreis von 540 Mark bedeuten; hinzu kämen an laufenden Unkosten 200 bis 400 Mark im Jahr. Zur Auswahl steht noch ein zweites Abgasreinigungssystem, das aber erheblich teurer ist: Anlagekosten über 1200 Mark, laufende Kosten zwischen 500 und 700 Mark jährlich. Um die Abgase aller Kraftfahrzeuge in der Bundesrepublik schadstoffrei zu machen, wäre beispielsweise im Jahre 1980 ein Gesamtaufwand von rund vier Milliarden Mark notwendig.

Ein Gesetz in den USA fordert für 1975 den praktisch giftgasfreien Auspuff. Dort müssen dann die Kohlenmonoxyd- und die Kohlenwasserstoffmengen in den Abgasen um 96 bis 97 Prozent reduziert werden; die Konzentration an Stickoxyden darf nur ein Zehntel so hoch sein wie heute. Auch die westdeutsche Automobilindustrie, die fleißig nach USA exportiert, muß sich an diese Bestimmungen halten. Sie wird sich daran halten, weil sie hierzu gesetzlich gezwungen ist. Warum also handelt der Gesetzgeber in Bonn noch nicht? Bis 1975, so schätzen die Experten, müsse mit einem Anstieg der CO-Emissionen gerechnet werden. Dann würden die Verbesserungsmaßnahmen an den Kraftfahrzeugen allmählich wirksam. Nach Schätzungen des Bundesinnenministeriums entsprechen die CO-Mengen, die der Verkehr 1980 ausstößt, ziemlich genau denen des Jahres 1970.

Stickoxyde

Die Luftbelastung an Stickoxyden, auch nitrose Gase genannt, geht in der Bundesrepublik zu 45 Prozent auf Verbrennungsprozesse in Kraftwerken und Haushalten und zu ebenfalls 45 Prozent auf den Verkehr zurück. Aber auch die Salpeter- und Düngemittel-Industrie ist daran beteiligt. Schon ein Dauerwert von 0,5 Kubikzentimeter nitrosen Gasen auf einen Kubikmeter Luft muß als schädlich betrachtet werden.
Stickoxyde wirken als starkes Atmungsgift. Geringe Konzentrationen reizen die Atemwege, aber auch die Augenbindehäute. Höhere Konzentrationen erzeugen Entzündungen der Atemwege, zerstören Lungengewebe und führen zu Störungen des Zentralnervensystems. Nitrose Gase tragen zusammen mit Schwefelsäure (aus dem Schwefeldioxyd der Luft)zur Lungenblähung, dem Emphysem, bei. Sie setzen auch die Sauerstofftransportfähigkeit im Blut herab. Die durch Stickoxyde ausgelösten Blattschädigungen ähneln denen, die durch SO_2 hervorgerufen wurden. Städte, deren Luft extrem hoch mit Stickoxyden belastet ist, sind unter anderem Duisburg, Essen und München. In München sind die Konzentrationen zehnmal höher als die in den USA erlaubte Dauerbelastung. Hier haben sich die Konzentrationen an nitrosen Gasen von 1967 bis 1970 vervierzehnfacht. Als Hauptursache muß der anschwellende Verkehrsstrom angesehen werden.
Der Ausblick auf die künftige Zunahme dieses Schadstoffes stimmt bedenklich. 1980 wird sich der Ausstoß nitroser Gase verdoppelt haben.

Staub

Kraftwerke und Industrie verursachen 48 Prozent der Staubverschmutzung in der Luft, der Hausbrand ist zu 50 Prozent beteiligt, der Verkehr zu 1,1 Prozent. Das Staubproblem in der Bundesrepublik konzentriert sich weitgehend auf den Feinstaub, der Grobstaub kann durch relativ billige Filter zurückgehalten werden. Besonders staubintensiv arbeitet die Kalk-, Zement-, Karbid- und Bauindustrie, aber auch Hüttenwerke und Gesteinsmühlen sind Großemit-

tenden. Feinstaub besteht aus Teilchen mit weniger als fünftausendstel Millimeter Durchmesser. Die Staubpartikel bilden über den Großstädten und Ballungsgebieten Kondensationskerne und leiten so die Wolkenbildung ein. Daher ist der Himmel über Industriestädten häufiger von Wolken und Nebel bedeckt, oft regnet es hier zehn Prozent mehr als im Umland. Bei schwachen Luftbewegungen bildet Feinstaub mit Schwefeldioxyd, Stickoxyd und Kohlenwasserstoffen den gefürchteten Smog. Im Winter kann der Staub über Industriegebieten bis zu 50 Prozent, im Sommer bis zu 20 Prozent der gesamten Sonneneinstrahlung schlucken, drei Viertel der ultravioletten Strahlung können so verlorengehen.
Rund 50 Prozent der Staubbelastung der BRD entfallen auf das Ruhrgebiet. Zwischen 1963 und 1966 war gerade in Nordrhein-Westfalen ein Rückgang der Staubniederschläge festzustellen. Danach stiegen vor allem die Feinstaubkonzentrationen wieder an, unter anderem in den Städten Duisburg, Bochum und Düsseldorf. In Oberhausen, Gelsenkirchen oder Walsum enthält die Luft zum Teil viermal soviel Staub wie im nahen Bergischen Land. Auf 234 Quadratkilometern Stadtfläche in Nordrhein-Westfalen liegt die Staubbelastung über dem zulässigen Höchstpegel von 1,3 Gramm pro Quadratmeter und Tag. Dazu zählen nicht nur die Ruhrstädte, sondern auch die Orte im rheinischen Braunkohlenrevier westlich von Köln. Insgesamt etwa 800 000 Menschen sind in diesem Bundesland tagtäglich von extremen Staubniederschlägen gefährdet. Ein Notstandsgebiet in Sachen Staub ist auch das Saarland, schuldig dafür: die Hüttenindustrie. Innerhalb des süddeutschen Raumes dürfte Ludwigshafen an der Spitze stehen, hier ist die mittlere Jahreskonzentration doppelt so hoch wie in Stuttgart oder Heilbronn.
Auch über die Gesundheitsgefahr durch staubverseuchte Luft liegen Forschungsergebnisse vor. Chlorid-, sulfat- und ammoniakhaltiger Grobstaub kann in hohen Konzentrationen entzündliche Rötungen auf der Haut hervorrufen. Durch die Verwendung von Filteranlagen verliert diese Gefährdung zunehmend an Bedeutung. Der Feinstaub, so hebt auch Professor Dr. Hans-Werner Schlipköter vom Düsseldorfer Institut für Lufthygiene und Silikoseforschung hervor, bringt jedoch ein hohes Risiko für die Gesundheit des Menschen. Die Staubpartikel beeinträchtigen die Muskulatur des Atem-

traktes und schädigen die Zellen. Negative Auswirkungen auf den Reinigungsmechanismus der Lunge müssen befürchtet werden. Düsseldorfer Lufthygieniker vermuten sogar – wenngleich mit aller Vorsicht –, daß Feinstaub einen höheren Einfluß auf die Sterblichkeit hat als Schwefeldioxyd. Eisenoxyd- und Magnesiumstaub aus den Schloten der Hüttenwerke erhöhen die Krebswirksamkeit bestimmter Kohlenwasserstoffe. Ruß zeigt im Tierversuch eine zellschädigende Wirkung auf Lungenbläschen.

Professor Schlipköter betont aber auch: »Der Feinstaub hat unabhängig davon große Bedeutung, weil an den Teilchenoberflächen andere chemische Substanzen der Außenluft anhaften und diese entweder unverändert oder nach chemischer Umwandlung in die Lungentiefe transportiert werden. Eine extreme Anreicherung von Feinstaub kann deshalb zu akuten Gesundheitsschädigungen führen.« So ist beispielsweise der krebserzeugende Kohlenwasserstoff Benzpyren an den Feinstaub gebunden. In der Bochumer Luft besteht ein Prozent des Feinstaubes aus Benzypren. Der Feinstaub aus Bochum und Duisburg ist daher eher krebserregend als der aus Düsseldorf. Darüber hinaus wird durch hohe Staubkonzentrationen auch der Abbau gefährlicher Kohlenwasserstoffe im Körper gehemmt.

Der Deutsche Naturschutzring rechnet vorläufig mit einer zehnprozentigen Steigerung des Staubanteils pro Jahr in der Luft Westdeutschlands. Die Arbeitsgruppe Umweltschutz im Bonner Innenministerium hofft, daß sich die Staubniederschläge bis 1980 auf die Hälfte reduzieren lassen. Die Prognose des Innenministeriums scheint sich darauf zu stützen, daß staubintensive Industrien und Kraftwerke, aber auch die Kohlefeuerung in den privaten Haushalten stark zurückgehen wird. Ob damit auch der Ausstoß an Feinstaub erheblich vermindert wird, muß zweifelhaft bleiben.

Kohlenwasserstoffe

Mit der rasant steigenden Verkehrsdichte wird auch das Kohlenwasserstoff-Problem von Tag zu Tag akuter. Beim Verbrauch von einem Kilogramm Treibstoff entstehen 17 Gramm Kohlenwasserstoffe. Mindestens 50 Prozent der Kohlenwasserstoffe in der Luft stammen aus dem Verkehr, die andere Hälfte teilen sich Haushaltsfeuerungen, Kraftwerke und Industrie. Aus den zwei Millionen Tonnen Kohlenwasserstoffe des Jahres 1970 (in der BRD) werden 1980 etwa 3,5 Millionen Tonnen geworden sein.

Im Mittelpunkt der medizinischen Diskussion steht der Kohlenwasserstoff Benzpyren. Dazu Auszüge aus einem Referat, das Dr. Rudolf Preussmann vom Deutschen Krebsforschungszentrum in Heidelberg 1971 vor der Evangelischen Akademie Mülheim hielt:

»Höhere aromatische Kohlenwasserstoffe sind die am längsten bekannte Gruppe chemischer Carcinogene. Die krebserzeugende Wirkung des Steinkohlenteers war 1915 durch Japaner zuerst erbracht worden. Aus solchem Teer wurde Ende der zwanziger und Anfang der dreißiger Jahre in sehr langwierigen Versuchen das Benzpyren isoliert und als die wirksame Komponente erkannt. Weitere Arbeiten hatten dann gezeigt, daß auch noch einige chemisch verwandte Verbindungen aus der gleichen Stoffklasse der aromatischen Kohlenwasserstoffe krebserzeugend sind.

Heute besitzen wir ausgezeichnete und hochempfindliche Methoden zur Bestimmung dieser Stoffe ... Es sollte jedoch immer bedacht werden, daß das Benzpyren nie allein vorkommt, sondern immer vergesellschaftet mit den anderen Vertretern dieser Gruppe. Höhere aromatische Kohlenwasserstoffe und damit das Benzpyren entstehen ganz allgemein durch unvollständige Verbrennung aller Arten organischer, das heißt kohlenstoffhaltiger Materie bei 700 bis 900 Grad Celsius; also bei praktisch allen Verbrennungsvorgängen, bei denen nicht genug Sauerstoffzufuhr gewährleistet ist, und das ist bei den derzeitig in Betrieb befindlichen Verbrennungsanlagen verschiedenster Art immer der Fall.

Da Verbrennungsgase als Rauch in die Luft gelangen, ist Benzpyren in der Luft in Konzentrationen bis zu 0,4 Milligramm pro 1000 Kubikmeter gefunden worden. Die Stadtluft hat im Mittel die fünfzehnfache Menge an Benzpyren als die Landluft. Da Heizanlagen eine Hauptverschmutzungsquelle der Luft an Benzpyren sind, ergeben sich erwartungsgemäß für den Winter höhere Konzentrationen als für den Sommer, die bis zum Zwanzigfachen betragen können. In Los Angeles dagegen, wo aus klimatischen Gründen nur wenig geheizt wird und wo extrem hohe Verkehrsdichte herrscht, sind Auspuffgase der Autos zu ca. 70 Prozent für die Verschmutzung mit Benzpyren verantwortlich.

Da Benzpyren kein gasförmiger, sondern ein fester Stoff ist, der in der Luft an kleinen Rußteilchen haftet, fällt es langsam aus der Luft auf den Boden und damit auf alle Pflanzen und ins Wasser, auch in das Trinkwasser. In Liverpool zum Beispiel fallen etwa 1000 Tonnen Ruß pro Quadratkilometer im Jahr nieder, im Ruhrgebiet wird es wohl nicht weniger sein. Aus dieser Kontamination durch Ausfall aus der Luft stammen die Verunreinigungen von Gemüsen, Salaten, Getreide und Obst mit Benzpyren. Pflanzen in der Nähe der Autobahn liegen höher im Gehalt als solche aus typisch ländlichen Gegenden, Pflanzen aus der Nähe von Industrieballungsgebieten haben mehr Benzpyren als solche aus dem Hochgebirge. Die absoluten Mengen sind in der Regel sehr niedrig, sie liegen im Bereich von 0,2 bis 20 Mikrogramm pro Kilogramm des Pflanzenprodukts, das heißt in der Größenordnung von 1/100 000 Gramm ...

Da wir wissen, daß Benzpyren beim Menschen sicher krebserzeugend ist und daß sich die Wirkung verschiedener Carcinogene verschiedener Struktur addieren kann, ist die Gefahr für den Menschen auch bei den sehr geringen Mengen der Umwelt nicht zu unterschätzen.

Wenn es auch derzeit wenig wahrscheinlich ist, daß man das Vorkommen an Benzpyren in unserer Umwelt auf Null herunterbringen kann, so kann man doch sicher vieles tun, um die Mengen zu vermindern. Die Entwicklung von Verbrennungsanlagen, die eine möglichst vollständige Verbrennung der Heizstoffe erreichen, das Übergehen auf Elektro- oder Gasheizung im Haushalt, das Abgehen von Verbrennungsmotoren als Antriebsquelle für Kraftfahrzeuge und die Verwendung von Elektromotoren sind einige Methoden, die schnell diese Verunreinigung – und diejenige durch viele andere Schadstoffe – reduzieren würden ... Das Waschen von Gemüse und Salat hat nur wenig Effekt, da Benzpyren wasserunlöslich ist und durch Waschen nur weniger als zehn Prozent von den Lebensmitteln entfernt werden kann.«

Auch die Bleianreicherung der Luft wird in erster Linie durch den Autoverkehr ausgelöst. Noch erwarten die Wissenschaftler eine jährliche Steigerung des Bleigehaltes in der Luft der bundesdeutschen Großstädte um 15 Prozent. Eine einzige Autotankfüllung (rund 40 Liter) enthält im Durchschnitt 20 Gramm Blei. 50 bis 70

Prozent des Benzinbleis werden als feiner Staub in die Luft abgegeben. Im Gras, das in einer Entfernung von 30 Metern von der Autobahn wächst, kommen auf eine Million Teile Pflanzensubstanz 13 Teile Blei, in 100 Meter Entfernung sind es zehn Teile Blei. Untersuchungen im Ruhrgebiet zeigten jedoch, daß das Auto nicht allein schuldig ist. Alle Meßwerte sowohl in Autobahnnähe als auch in anderen Gebieten zeigten erheblich höhere Bleikonzentrationen an, die nicht auf besonders starkes Verkehrsaufkommen zurückzuführen waren. In autobahnfernen Meßgebieten war der Bleigehalt etwa doppelt so hoch wie in den Gasproben aus anderen Teilen der BRD. Deutliches Indiz für den Anteil der Ruhr-Industrie an der Bleiverseuchung.

Blei hemmt im Säugetierorganismus die Synthese des Blutfarbstoffs Hämoglobin. Nach Untersuchungen im Humangenetischen Institut der Universität Erlangen ist Blei auch in den Verdacht geraten, erbschädigend – also mutagen – zu wirken. Tankwarte zeigten dreimal soviel Schädigungen der Chromosomen (Träger der Erbanlagen in der Zelle) wie eine Vergleichsgruppe aus 400 Mitgliedern unterschiedlichster Berufe. Die Erlanger Wissenschaftler haben die Vermutung geäußert, daß das Blei im Benzin für diese Schäden verantwortlich ist.

Über die Bedeutung des Bleis in der Biosphäre wird noch in anderen Abschnitten zu berichten sein.

Schlagartig wird das Ausmaß der Gesundheitsgefährdung durch Luftverschmutzung deutlich, liest man eine Berechnung amerikanischer Medizinstatistiker, die auch auf die Bundesrepublik übertragen werden kann:

Ließe sich die Menge des Luftschmutzes in den Ballungsgebieten um die Hälfte verringern, so würde die durchschnittliche Lebenserwartung eines Neugeborenen um drei bis fünf Jahre erhöht, die Zahl der Herz- und Kreislaufkrankheiten würde um bis zu 15 Prozent, die der Lungenerkrankungen um 25 Prozent gesenkt, ebenso die Zahl der Lungenkrebstoten.

Kölner Raum

Im Jahre 1963 wurde erstmals ein Gutachten über »Luftverunreinigung im Raum der Stadt Köln« vom Forschungs- und Untersuchungslaboratorium Dr. Helmut Berge zusammengestellt. Die Expertise (Kosten: 600 000 Mark) erschien dem »Kölner Stadt-Anzeiger« schlichtweg als »Anklageschrift« gegen die Industrie. Die Wissenschaftler hatten eindeutig nachgewiesen, daß die Industrie in der Kölner Region den Lebensraum für eine Million Menschen ernstlich gefährdet, zum Teil sogar schon zerstört hat. Als Umweltkiller Nummer eins wurde die chemische Großindustrie überführt:

Die Abgase der Bayer-Werke in Leverkusen und Dormagen hatten den Grüngürtel am Rheinufer des Kölner Nordens ruiniert. Es gab hier keinen Baum ohne sichtbaren Giftschaden. Selbst die widerstandsfähigsten Pflanzen zeigten sich den Dunstwolken von Bayer nicht gewachsen. Fluorabgase der chemischen Werke in Porz (südlich von Köln) vernichteten neue Aufforstungsgebiete der Stadt. Im chemie-vergasten Kölner Norden gingen Nadelbäume ebenso wie Obstbäume ein.

In diesem Bereich wurden auch Schwefelverunreinigungen und Schwefelwasserstoff-Konzentrationen in einem »unzumutbaren Ausmaß« (so das Berge-Gutachten) festgestellt.

In acht Stadtteilen bzw. Randgemeinden von Köln lagen die Staubniederschläge über dem zulässigen Grenzwert.

Gesundheitsgefährdende Schwefeldioxyd-Gehalte wurden in fünf von insgesamt sechs Meßbezirken ermittelt.

Um keinen Zweifel an den Verursachern aufkommen zu lassen, betonten die Forscher: Der Einfluß des Hausbrandes auf die Luftverschmutzung sei nur im inneren Stadtkern bemerkenswert.

Nach der Veröffentlichung des Gutachtens hoffte der »Kölner Stadt-Anzeiger«: »Der Rat der Stadt kann sich jetzt ein Urteil bilden über die qualmende Industrie. Beweise sind ihm in Hülle und Fülle geliefert worden.« Das beunruhigende Faktenmaterial scheint Politiker und Behörden wenig beeindruckt zu haben. In den Jahren nach 1963 – wie auch schon zuvor – gelang es ihnen nur selten, den Expansionsdrang der Industrie zu lenken oder im rechten Moment aufzuhalten. Bei den gigantischen Bauvorhaben der rheinischen Städte (z. B. die Kölner U-Bahn oder die vollkommen

neue Stadtmitte Leverkusens) konnte auf keine Gewerbesteuer-Mark verzichtet werden. Die Wachstumsraten in der Großchemie überschlugen sich. Die schon riesigen Werkanlagen überwucherten die Landschaft, ließen Grünzonen untergehen und schoben sich in die Wohngebiete hinein. Allein die Erdölchemie (ein Tochterunternehmen von Bayer und BP) vergrößerte innerhalb von zwölf Jahren ihre Betriebsfläche im Kölner Norden um das dreifache. Für Bayer wurde ein großer Teil des einstmals rund sieben Kilometer breiten Grüngürtels zwischen Köln und Leverkusen geopfert. An die Stelle von Feld und Wald treten Parkplätze und neue Werksteile.
Immer häufiger flammten die Abgasfackeln der Petrochemie auf. Immer dickbäuchiger gerieten die Riesentanks der Raffinerien. Immer schärfer stachen die Chemie-Gerüche den Werksanwohnern in die Nase. Die Konzerne machten sich an den Bau von Klär- und Verbrennungsanlagen, installierten neue Filtersysteme und ließen die Schornsteine auf über 150 Meter Höhe anwachsen. Während der faulige Hauch der Kläranlagen (z. B. in Leverkusen) lauten Protest aufkommen ließ, fühlen sich die Menschen rund um die Verbrennungsbunker der Industrie – wenn hier violette und rote Wolken über den Himmel ziehen – als Opfer chemischer Kampfführung. Der Effekt gigantischer Schornsteine wurde deutlich, als der schwedische Landwirtschaftsminister Ingemund Bengtsson 1971 Köln besuchte. Der Gast aus Stockholm beschwerte sich nämlich darüber, daß Staub und Industriegase von Rhein und Ruhr inzwischen die Luft über Schweden verseuchen. Die Riesenkamine von Bayer oder Glanzstoff, aber auch die Schlote der Braunkohlenindustrie westlich von Köln sorgen lediglich für einen Ferntransport der Schmutzmassen. Minister Bengtsson: »Fünfzig Prozent der Luftverschmutzung Schwedens wird durch andere Länder verursacht.« Chemiker der Landesanstalt für Immissionsschutz in Essen bestätigen ebenso wie das Kölner Gewerbeaufsichtsamt: Der Wärmeauftrieb heißer Gase lasse den Schmutzausstoß oft über 500 Kilometer weit driften. Zwar behaupten die Farbenfabriken Bayer, von 1956 bis 1971 rund 230 Millionen Mark für Umweltmaßnahmen ausgegeben zu haben, doch der Leiter des Kölner Gewerbeaufsichtsamtes, Elmar Pielow, einer der entschiedensten Aktivisten im Kampf gegen die Luft- und Wasserverschmutzung durch die In-

dustrie, bleibt skeptisch: »Die großen Werke sind gern bereit, unter dem Begriff Umweltkosten auch Maßnahmen zu verstehen, die damit im wirklichen Sinne nichts zu tun haben.«
Auf das Kölner Stadtgebiet gehen pro Stunde etwa 40 Tonnen Schwefeldioxyd, 20 Tonnen Kohlenwasserstoff und 40 Tonnen Staub nieder. Die Schwefeldioxyd-Konzentration nahm von 1964 bis 67 ab, 1968 trat jedoch eine Erhöhung ein, die sich im folgenden Jahr weiter verstärkte. Das zeigen die Messungen des Kölner Instituts für Lebensmittel-, Wasser- und Luftuntersuchungen sehr deutlich. Der Rückgang beim Schwefeldioxyd war durch veränderte Produktionsverfahren in der Industrie ausgelöst worden. Im Kölner Norden sind 80 Prozent des gefährlichen Kohlenwasserstoffs in der Luft industriellen Ursprungs; nur ein Fünftel entstammen Verkehr und Hausbrand. Die Filter der großen Braunkohlenkraftwerke zwischen Köln und Frechen halten zwar den relativ harmlosen Grobstaub zurück, der Feinstaub entweicht noch immer in die Luft. Schwefelwasserstoff – ein Reizgas und Fermentgift mit dem Geruch fauler Eier – entsteht bei der Erdölraffination und Kunstfaserherstellung im nördlichen Köln; es steigt zum Beispiel aus dem Raffineriekomplex der Esso und aus der Firma Glanzstoff auf. Die Spitzenkonzentrationen im Industrie-Vorort Niehl dürfen bereits als gesundheitsgefährdend betrachtet werden.
Fluor, das in geringsten Konzentrationen Pflanzenschäden hervorruft und bei Mensch und Tier zu Knochenschädigungen (Fluorose) führt, belastet die Luft in vier Kölner Stadtteilen (Merkenich, Niehl, Kalk und Worringen) in besorgniserregendem Ausmaß. Professor Otto Guthof und Dr. Maria Deimel vom Kölner Institut für Luft- und Wasseruntersuchungen präzisieren: »So finden wir immer wieder in Kalk in der Umgebung des Emailwerkes Bayer-Rickmann GmbH sowie in der Nähe der Bayerwerke Leverkusen hohe Fluorkonzentrationen.« In Köln-Kalk lagen 16 Prozent der Meßwerte über dem zulässigen Grenzwert für Dauerbelastung. Für kurze Zeit überschritten die Fluor-Konzentrationen in Köln-Worringen das Zehnfache des erlaubten Pegels. Dennoch stellen Kohlenwasserstoffverbindungen im Kölner Raum das größte Luft-Problem dar. Elmar Pielow, Chef der Gewerbeaufsicht: »Die Luftverschmutzungen durch Kohlenwasserstoffe in Köln sind wahrscheinlich die größten im ganzen Bundesgebiet.« Eine einzige Raffi-

nerie kann am Tag durch Leckverluste an Pumpen und Ventilen über fünf Tonnen Kohlenwasserstoffe verlieren. Alle kritischen Punkte an den Leitungen mit Kunststoff abzudichten und ein besseres Wartungssystem einzurichten, würde natürlich Mehrkosten mit sich bringen.

Gerade die Betriebe, die die Luft am stärksten mit Schmutz belasten, sind am wenigsten bereit, ihre Werksanlagen mit Grünzonen zu umgeben, die Gerüche zerstreuen, Sauerstoff erzeugen und Lärm schlucken. Das ist die Erfahrung, die Elmar Pielow in Köln machen mußte. Seine Vorstellung, um jedes größere Industriewerk einen hundert Meter breiten Waldstreifen zu ziehen, erntete bei den Konzernen nur Spott und Hohnlachen. Zwischen der Esso-Raffinerie und der Siedlung Seeberg (auch im Kölner Norden) wurde zwar ein kleiner Wald gepflanzt, aber nicht von der Esso, sondern von der Stadt Köln. In einem Jahr gingen so die Beschwerden über Raffineriegestank von 400 auf 30 zurück. Pielow: »Eigentlich sollte die Industrie, die auch die Landschaft verschandelt, den Wald pflanzen müssen.«

Statt Grünbereiche anzulegen, sorgen sich die Werke um weiteren Profit und maximale Ausnutzung aller unbebauten Flächen. Dazu einige Beispiele: Die Wackerchemie in Köln-Merkenich baute Gleise für eine Industriebahn, statt das zur Verfügung stehende Gelände in eine Grünzone zu verwandeln. Die Knapsack AG, Werk Hürth (Phosphatherstellung), widersetzte sich einem Bebauungsplan, der grüne Pufferzonen um das Riesenwerk vorsah. Die Firma ließ stattdessen Parkplätze einrichten. Die Gemeinde änderte nachträglich den Bebauungsplan – im Sinne der Knapsack AG.

Auch die Shell-Raffinerie in Godorf (südlich von Köln) sah wenig Anlaß, einen geplanten Grünstreifen anzulegen, der auf einem Meßtischblatt der Gemeinde schon als Wald eingetragen war. Der Grünschutz wurde nie verwirklicht. Dafür stehen jetzt Parkplätze, Gebäude, Tanks, Gleisanlagen und Lager auf dem Gelände. Die Rheinischen Olefin-Werke (ROW), ebenfalls in Godorf angesiedelt, verzichteten auf den vereinbarten Grüngürtel zugunsten von Parkplätzen. Im Hinblick auf die ROW-Erweiterung auf 260 Hektar Betriebsfläche versicherte das Werk, einen hundert Meter breiten Grünpuffer anzulegen. Auch 1971 blieb dieser Wald Fata Morgana. Rigoros setzten sich auch die Farbenfabriken Bayer über Vereinba-

rungen und Bestimmungen hinweg. Wo ein Grünstreifen vorgesehen war (am Werksteil Köln-Flittard/Stammheim), wurden Lagerhallen gebaut. Kaum existent ist die Grünumrahmung der Erdölchemie in Köln-Worringen; auch hier waren Parkplätze wichtiger. Allerdings kommt im Fall Erdölchemie jede Grünplanung zu spät: Die Bayer-/BP-Tochter hat ihre Tanksilos und Produktionsanlagen bis unmittelbar an die Wohnhäuser herangetrieben. Der Abstand zu den Siedlungen schrumpfte auf etwa 200 Meter. Das Kölner Gewerbeaufsichtsamt hält jedoch einen Sicherheitsabstand von 1,5 bis zwei Kilometer für angemessen. So kann denn nicht mehr bestritten werden, daß die hektische und ausufernde Industrieerweiterung gerade in Worringen eine Fehlplanung war, die 11 000 Menschen eine kohlenwasserstoffgeschädigte Umwelt beschert.
Die Situation im Dunstkreis der Erdölchemie (EC), an die sich das Bayer-Werk Dormagen direkt anschließt, lohnt eine nähere Betrachtung. Überdeutlich wird hier die bedenkenlose Aufopferung jeglicher Umweltstrategie zugunsten des Expansionswillens der Großindustrie. Das Chemiewerk hat Worringen und Dormagen fest im Griff. Hier würde kein Betriebsrat, kein CDU- oder SPD-Politiker, kein Bürgerverein je die Umweltpolitik des Unternehmens kritisieren oder angreifen. EC und Bayer halten den großen Rohrstock parat, der jeden verstummen läßt: die Drohung, ins Ausland abzuwandern. Die Erpressung und die genüßliche Spekulation mit vieltausendfachem Arbeitsplatzverlust.
Nur 30 Worringer Bürger wagten sich gegen die Industrieverschmutzung zu organisieren. Die kleine Schar der EC- und Bayer-Opposition hat sich in der »Interessengemeinschaft gegen Industriebelästigung e. V.« zusammengeschlossen. Statt in Umwelt-Lamentos am Biertresen auszubrechen, wird versucht, die Verstöße der Industrie gegen Luft- und Wasserreinhaltung zu registrieren und aufzudecken. Die 30 Mitglieder der Bürgerinitiative führen Buch über Art und Umfang der Belästigungen, haben dafür erste Meßgeräte gekauft und informieren ständig Öffentlichkeit und Behörden. Hermann Mertens, Vorsitzender der Interessengemeinschaft, ist sicher, »daß die politischen Parteien, Stadtvertretung und Stadtverwaltung die Interessen der Bürger Worringens bisher nicht wahrgenommen haben«.
Gereizt und mit unverhohlenen Drohungen reagierte die Erdölche-

mie auf diese Aktivitäten, aber auch auf Kritik aus dem Gewerbeaufsichtsamt. EC-Direktor Dr. Kurt W. Schneider: »Wenn der Ärger mit Teilen der Worringer Bevölkerung und die Schwierigkeiten mit den Behörden zunehmen, überlegen wir ernsthaft, uns in Rotterdam oder Antwerpen anzusiedeln. Grundstücke haben uns unsere Muttergesellschaften schon bereitgestellt.«

Aufgeschreckt ließ die Worringer SPD verlauten: »Die egoistischen Motive einer in repräsentativer Hinsicht unqualifizierten Gruppe von 30 Personen dürfen nicht die Sicherheit der Arbeitsplätze in Köln-Worringen gefährden ... Wir sind für einen sinnvollen Umweltschutz, doch er darf nicht zur Ersatzreligion oder zur Massenhysterie werden.«

EC-Betriebsratsvorsitzender Hermann Diehl stimmte ein: »Eine Minderheit maßt es sich an, über Sein und Nichtsein eines Industriebetriebes und seiner Mitarbeiter entscheiden zu wollen. Das kann und darf nicht unwidersprochen bleiben und gegen solche volkswirtschaftsfeindlichen Aktivitäten werden wir uns entsprechend zur Wehr setzen.«

Die mit 1,2 Milliarden Mark gebauten Anlagen der EC stellen Schlüsselprodukte und Rohstoffe für Kunststoffe, Lacke, Waschmittel, Pflanzengifte und synthetische Fasern her. Der gesamte Produktionsanstieg macht die Worringer EC zu einem der wichtigsten Lieferanten für die weiterverarbeitenden Bayer-Werke Dormagen und Leverkusen.

Die Gase und Gerüche beeinträchtigen Leben und Wohnen in Köln-Worringen bis in scheinbar nebensächliche Alltagsdetails hinein. In der Summe bewirken sie eine Störung des Lebensrhythmus. Ein paar Beispiele: Wer die Erdölchemie zum Nachbarn hat, wird es kaum wagen, selbst in der schwülsten Sommernacht bei offenem Fenster zu schlafen. Hereinströmende Dämpfe und Gerüche lassen ihn als Kranken erwachen. Als der 14jährige Ulrich L. das Fenster doch offen läßt, beginnt der Morgen für ihn mit starken Kopfschmerzen, Brechreiz und Übelkeit; zur Schule kann der Junge nicht gehen. Kein Einzelfall übrigens. Die Frauen aus dem EC-nahen Worringen sagen: »Sonnenbad auf der Terrasse, Kaffeetrinken im Freien ist nicht mehr drin. Sogar die Kinder kommen vom Spielen wieder reingelaufen, weil es ihnen draußen zu sehr stinkt.« Viele Bäume und Sträucher in den Gärten sterben ab oder

verkümmern. Die aggressive Luft ätzt ihre Spuren in das Metall der Türen und Garagen. Die Geräuschkulisse der Turbinen, Kühltürme und Hochfackeln beendet in vielen Nächten abrupt den Schlaf. Das Pfeifen und Dröhnen aus dem EC-Komplex könnte durch einen Waldstreifen gelindert werden. Der aber existiert nicht. Alle ständigen und zeitweisen Belästigungen werden jedoch von der Angst übertroffen, daß bei der EC wieder einmal »etwas passiert«. Explosion, Brand, Zerstörung von Gasleitungen. Die Worringer Grundschule An der Kaul (400 Schüler) mußte bereits an das Alarmsystem des Werkes angeschlossen werden. Unruhe und Nervosität lassen in Worringen nicht nach, die Furcht vor dem großen Knall, vor der Katastrophe sitzt tief. Wenn »bei der EC irgendwas hochgeht«, so erklären die Frauen, »laufen wir mit den Kindern in den Keller«. Viele Männer planen für diesen Ernstfall die Flucht mit dem Auto – »nur aus Worringen raus!« Panikstimmung, Hysterie? Nach den bisherigen Erfahrungen bloßes Selbstschutzdenken.
Am frühen Abend des 5. Juli 1971 ließ eine Explosion Fenster und Türen in Worringen erzittern. Riesige braun-gelbe Schwaden stiegen bei der EC auf. Der 400 Tonnen schwere Ammoniak-Reaktor des Werkes war zerborsten und hatte 20 Gasleitungen durchschlagen. Das aber verschwieg die Firmenleitung und sprach stattdessen von einer harmlosen »Betriebsstörung«. An diesem Abend wollte die EC nicht einmal bestätigen, daß es eine Explosion und Feuer gegeben hatte. Das Werk verständigte auch nicht das zuständige Gewerbeaufsichtsamt, das von Anwohnern informiert wurde. Polizei und Berufsfeuerwehr durften das Betriebsgelände nicht betreten. Nur der momentanen Windrichtung war es zu verdanken, daß die Giftdämpfe nicht nach Worringen und Dormagen getrieben wurden. Aber noch auf der einen Kilometer vom Werk entfernten Autobahn Köln-Neuß mußten Polizisten mit Gasmasken den Verkehr regeln. »Schnell weiterfahren, das sind giftige Gase«, riefen sie immer wieder den Autofahrern zu. Um ihre Ernte fürchten und um ihr Vieh bangen mußten aber die Bauern, über deren Äcker und Wiesen die Schwaden zogen. Die Schäden konnten nachher nie genau identifiziert werden, weil die Untersuchungen auf den Feldern zu spät begannen. Ein pensionierter Chemotechniker und EC-Kenner sagte damals: »Wenn wir anderen Wind gehabt

hätten, wäre es fürchterlich geworden. Ich hätte sofort den Wagen genommen und wäre mit Frau und Kindern wer weiß wohin gefahren!« Wenige Tage nach dem Unglück machte der Leiter des Gewerbeaufsichtsamtes, Pielow, der Erdölchemie den Vorwurf: »Es ist versucht worden, zu verharmlosen«. Denn hätte man am Unglücksabend alle Fakten gewußt, wäre Katastrophenalarm gegeben worden. Es waren weit mehr und gefährlichere Gase freigeworden, als der EC-Sprecher zugab. Pielow: »Das darf nicht wieder vorkommen!« Diese Hoffnung dürfte trügerisch sein; denn auch vorher schon hatte es ähnliche »Betriebsstörungen« mit unklarem Gefahrenausmaß gegeben – wie auch nach der Explosion im Juli 1971.

Dieses Beispiel sollte das Interesse nicht spezifisch auf das Problem »Erdölchemie« lenken. Es geht um mehr als die Fixierung auf *ein* petrochemisches Werk. Hier wird nur ein Schlaglicht auf einen Skandal geworfen. Der rücksichtslose Ausbau von Industriebetrieben in die Wohngebiete hinein schafft eine latente Gefahr. Nachdrücklicher denn je muß die 1500 bis 2000 Meter breite Schutzzone aus Grünland gefordert werden. Das muß in der Planung, die im Rathaus entworfen wird, festgelegt und durchgesetzt werden. Natürlich enthüllt das Kölner Beispiel auch die Praktiken der Informationspolitik der Unternehmen. Und man muß wohl den Verdacht aussprechen, daß bei den Auskünften der Konzerne über andere Umweltbelastungen die Gefahr ähnlich heruntergespielt wird, der wahre Tatbestand verschleiert bleibt. Die Erdölchemie aber will auch in Zukunft ihre Vorstellungen über Profitwachstum und Werkserweiterungen durchpeitschen.

Bereits 1972 sollte in Worringen eine Isopren-Anlage in Betrieb genommen werden; die Kapazität im ersten Jahr wurde mit 80 000 Tonnen Isopren-Kunststoff angegeben. Der Regierungspräsident in Köln hatte schon die Genehmigung zum Bau und Betrieb der Anlage erteilt, da erhob die »Interessengemeinschaft gegen Industriebelästigung« Klage gegen die Genehmigungsbehörde beim Verwaltungsgericht. In der Begründung heißt es unter anderem, daß die schon bestehenden Werksanlagen eine unzumutbare Geruchs-, Abgas- und Lärmbelästigung darstellten. Die gesundheitliche Gefährdung könne nicht noch ausgeweitet werden. Die Gefahr weiterer Katastrophen müsse sich mit der Vergrößerung der EC-Anlage erhöhen. Die Klage vor dem Verwaltungsgericht wird den Bau der Isopren-Anlage zumindest verzögern, unter Umständen auf Jahre hinaus unmöglich machen.

Das veranlaßte die Kölner SPD zu einer massiven Hilfsaktion zugunsten der EC. Der SPD-Bundestagsabgeordnete Hubert Weber erklärte sich mit der Petrochemie solidarisch: »Zwar sind erstmals durch diese sozialdemokratisch geführte Bundesregierung die Fragen des Umweltschutzes durch ein Sofortprogramm angefaßt worden, weil wir erkannt haben, daß es zu den Lebens- und Existenzfragen der gesamten Menschheit gehört, natürliche Lebensvoraussetzungen zu erhalten. Die Bundesregierung hat aber ebenso erklärt, daß es falsch wäre, daß Maßnahmen des Umweltschutzes stets auf Kosten des Wirtschaftswachstums gehen müssen ... Wachstum, Produktivität und Umweltschutz sind keine gegensätzlichen Zielvorstellungen ... Dies gilt umso mehr, als gerade die chemische Industrie stärker als alle anderen Industrien in einem ständigen Wachstums- und Veränderungsprozeß begriffen ist. Deswegen habe ich mich beim Regierungspräsidenten auch dafür eingesetzt, daß die Genehmigung für die geplante Isopren-Anlage erteilt wird, weil sie zur Sicherung der Arbeitsplätze und der Wettbewerbsfähigkeit des Werkes notwendig sind.«

Als sich am 6. September 1971 das ARD-Magazin »Monitor« mit der Situation in Köln-Worringen beschäftigte und den Behörden an diesem Beispiel nachwies, daß sie sich mehr nach den Wünschen der Industrie als nach den Erkenntnissen der Wissenschaft richteten, vereinigten sich SPD, CDU und Erdölchemie zur großen Koalition. Dem WDR, der den Fernsehreport (»Im Zweifel für Gift: Genehmigung von Industrieanlagen«) ausgestrahlt hatte, wurde tendenziöse, einseitige Berichterstattung, Manipulation, Verstoß gegen das NRW-Rundfunkgesetz vorgeworfen. Eine andere Reaktion war in Worringen auch nicht zu erwarten: Etwa zwei Drittel aller Worringer Familien werden von EC-Beschäftigten ernährt.

Der Stadtteil Worringen, so fürchten viele, könnte in naher Zukunft von der Industrie ebenso erdrosselt werden wie der Ort Knapsack, rund zehn Kilometer südlich von Köln. Die Knapsack AG, der größte Phosphathersteller Europas, stößt am Tag über 10 300 Tonnen Staub in die Luft; 3000 Tonnen Wasserdampf in der Stunde erzeugen ein ungesundes immerfeuchtes Klima. Gefähr-

liche Wasserstoff- und Phosphorverbindungen, die auf das Dorf zuziehen, machen – zusammen mit andauerndem Lärm – das Leben unerträglich. Nur durch eine Straßenbreite sind die Häuser Knapsacks von den Fabrikanlagen getrennt. Alle Dachziegel sind von Gasen und Stäuben zerfressen und beschädigt. Die meisten Fenster sind blind. Chlorgas und Fluor haben den Pflanzenwuchs zurückgehen lassen oder zerstört. Lungenerkrankungen häuften sich. Das Dorf Knapsack stirbt. Daraus ergab sich für die Behörden nur eine Konsequenz. Statt rechtzeitig eine sinnvolle Planung einzuleiten, wurden die Menschen an der Industriefront umgesiedelt. Heute leben von den einstmals 5000 Einwohnern nur noch wenig mehr als die Hälfte in Knapsack. Die Straßen wirken leer, viele Häuser sind geräumt. Alte Leute und Arbeiter der Knapsack AG blieben vorläufig hier wohnen. 1977 soll auch der letzte Einwohner Knapsack verlassen haben. Kosten der Dorfevakuierung: 55 Millionen Mark. Schöner Wohnen ist in Neu-Knapsack keinesfalls garantiert. Es liegt in der Nähe eines NATO-Flugplatzes.
Von den ebenso forschen wie illegalen Methoden der Industrie, ihre Betriebe auszubauen – und dabei die Umweltvergiftung zu steigern – überzeugt ein weiteres Beispiel aus der Fabrikenlandschaft südlich Kölns. Die Chemische Fabrik Wesseling, eine Tochtergesellschaft der Degussa, nahm 1971 eine Aluminiumoxyd-Anlage in Betrieb, die vom zuständigen Gewerbeaufsichtsamt weder kontrolliert noch genehmigt worden war. Heimlich und ohne Aufsehen war die Anlage mitten im Werksgelände errichtet worden. Ihre Umweltwirkung wurde bald sichtbar: Auf dem gegenüberliegenden Rheinufer, bei Niederkassel und Lülsdorf, verfärbten sich die Bäume blau oder gingen sogar ein. Dafür waren Schwefeldioxyd-Dämpfe und ähnliche Gase verantwortlich, die der neuen Anlage der Chemischen Fabrik Wesseling entströmten. Das Gewerbeaufsichtsamt bestätigte, daß nur durch einen glücklichen Zufall keine Menschen gefährdet wurden. Ein Beamter erklärte: »Einen solchen Fall haben wir im Kölner Raum noch nie erlebt.« Was aber nicht viel zu besagen hat; denn das nach eigenen Angaben sehr stark unterbesetzte Amt kann nicht jeden Betrieb regelmäßig unter die Lupe nehmen. Eine Dunkelziffer muß also angenommen werden. Immerhin: Die Anlage des Wesselinger Unternehmens wurde sofort stillgelegt und abgebrochen. Gegen einen leitenden und dafür verantwortlichen

Mitarbeiter des Werkes wurde Strafanzeige erstattet. Im »schlechtesten« Fall droht ihm eine Geldstrafe von 10 000 Mark.
Mit einem besonderen Streifendienst seiner Beamten verunsichert Gewerbeaufsichts-Chef Elmar Pielow die chemische Industrie in und um Köln. Zu später Nachtstunde finden einzelne Überraschungskontrollen statt. Die Beamten durchforschen die Werke nach heimlichen Umweltvergehen, die gerade nachts gut zu tarnen sind. Elmar Pielow: »Nachts stinkt es mehr.« Allzu leicht werde in den Betrieben »mal geschlabbert«: Filteranlagen werden teilweise oder ganz abgestellt bzw. »zurückgefahren«. Verbrennungsanlagen arbeiten vorschriftswidrig. Die nächtlichen Fahndungseinsätze können nur verstärkt werden, wenn weiteres Personal vorhanden ist.
Der Rat der Stadt Köln begegnete dem Luftschmutz-Problem auf seine Art: Er strich 1971 im Gesundheitsetat die Gelder für Luftuntersuchungen.

Saarland

Auch saarländische Schüler können im Handbuch »Harms Erdkunde – Deutschland« (»bearbeitet von Oberstudiendirektor Eckart Schmitt«) noch einiges über ihre Heimat zwischen Pfälzer Wald und Moseltal lernen. Sie erfahren auf Seite 343, daß das Saarland »den überaus freundlichen Zug und den frischen Hauch einer der Naturlandschaft noch in manchem verwandten Kulturlandschaft« besitzt.
Die Weisheit des »großen geographischen Handbuchs« ist trügerisch: Das Saarland erstickt im Industrieschmutz. Auf Saarbrücken, Völklingen, Neunkirchen und Dillingen gehen Staublawinen nieder, die von Jahr zu Jahr mehr Dreck aus der Großindustrie bringen. Betrug der Staubniederschlag in Saarbrücken, Völklingen und Neukirchen von Mai 1967 bis April 1968 insgesamt rund 10 800 Tonnen, war er von Mai 1969 bis April 1970 schon auf 15 000 Tonnen angestiegen. Dabei erlebten die 130 000 Einwohner von Saarbrücken eine besonders spektakuläre Staubvermehrung: Von 3987 Tonnen (67/68) auf 6445 Tonnen(69/70).
Diese Zahlenbeispiele zeigen aber noch nicht den gesamten Umfang der Umweltkatastrophe an der Saar, die in erster Linie die Eisen-

und Stahlindustrie zu verantworten hat. Die Luftverschmutzung durch Kraftwerke und keramische Industrie hat nur untergeordnete Bedeutung. Durch die Untersuchungen des Staatlichen Instituts für Hygiene in Saarbrücken sind die Hauptakteure der Luftvergiftung einwandfrei zu identifizieren. Serientäter in Sachen Umweltverpestung sind nach den Messungen der Hygieniker vor allem drei Unternehmen der Schwerindustrie: Die Burbacher Hütte des »ARBED«-Konzerns in Saarbrücken, das »Röchling«-Hüttenwerk in Völklingen und die Hütte »Wolff/Stumm« in Neunkirchen. Ganze Güterzugladungen Staub entweichen hier täglich den Schornsteinen.

Beispiel Burbacher Hütte, Saarbrücken: Von 1967/68 bis 1969/70 hat sich der Staubniederschlag in zwei Zonen von je zwei Kilometer Länge und einem Kilometer Breite nördlich und südlich des Hüttenwerks der ARBED verdreifacht. Zwischen 12,5 und 13,5 Gramm Staub fallen hier täglich auf den Quadratmeter. Betroffen sind Burbacher Wohngebiete ebenso wie die Hügel des Stadtwaldes.

Beispiel Röchling-Hütte, Völklingen: In einem ein Kilometer langen und 500 Meter breiten Gebiet nordöstlich der Hütte haben sich von 1967/68 bis 1969/70 die niedergegangenen Staubmengen verdoppelt. In der Zone des intensivsten Staubregens, einem Wohngebiet mit Geschäftsstraßen, liegen unter anderem ein Krankenhaus, zwei Schulen und auch das Völklinger Rathaus. Auch westlich des Hüttenwerks hat sich der Staubniederschlag zumindest in einem ein Quadratkilometer großen Areal verdoppelt. Hier rieseln die Staubpartikel aus den Röchling-Kaminen ebenfalls auf Schulen, eine Sportanlage und ein großes Waldgebiet. Die Wissenschaftler des Hygiene-Instituts Saarbrücken ermittelten weiter, daß sich die Schwefeldioxyd-Belastung in Völklingen von 1965 bis 1970 nicht vermindert hat, sondern »konstant blieb«.

Schwere Vorwürfe gegen die Völklinger Hütte erhob die sozialistische Wochenzeitung »Unsere Zeit«: »Bei den Röchlingschen Eisen- und Stahlwerken wird im Elektrostahlwerk das Entschwefelungsmittel »Desulfex« eingesetzt, ein starkes Gift, das wegen seines hohen Fluorgehaltes in Nordrhein-Westfalen verboten ist. Durch die Verwendung von »Desulfex« zur Erhöhung des Schmelzflusses verkürzt Röchling die Produktionszeit um 20 Minuten. Nach geltenden Sicherheitsnormen darf die Konzentration dieses starken

Giftes am Arbeitsplatz nicht höher als 0,2 Milligramm je Kubikmeter Luft sein«.
Leider fehlen im Saarland exakte medizinische Forschungen und Untersuchungen über die Folgen der Luftverschmutzung. Dabei dürften gesundheitliche Schädigungen gerade während Inversionswetterlagen zu erwarten sein. Allein von Oktober 1968 bis September 1969 meldete die Wetterwarte Saarbrücken 58 Inversionstage (1969/70 waren es 32). Nach Aussagen von Umweltexperten zeichnen sich an der Saar als Folgeerscheinungen des Luftschmutzes ab: Anstieg des Lungenkrebses und der Herzkrankheiten, erhöhte Invalidität bei Arbeitnehmern und Rückgang der Lebenserwartung.
Wegen der unerträglichen Staubbelästigung, die den gesundheitlich vertretbaren Pegel weit überschreitet, wurde die Leitung des Burbacher Stahlwerkes in Saarbrücken Anfang 1972 zu einer Geldstrafe in Höhe von 20 000 Mark verurteilt. 18 000 Saarbrücker Bürger hatten gegen die Luftverpestung protestiert; im September 1971 war von der Staatsanwaltschaft ein Ermittlungsverfahren eingeleitet worden. Die Strafe – in ihrer Summe lächerlich und alles andere als abschreckend – trifft nur die vordergründig Verantwortlichen. Strafbefehle über je 10 000 Mark erhielten Werksdirektor Nepper und der Leiter des Burbacher Stahlwerkes, Bönschen. Der Staubauswurf des Stahlwerkes, der schon seit Jahren für einen Schmutzregen sorgte, überschritt auch in den ersten acht Monaten des Jahres 1971 den höchstzulässigen Wert.
Unternehmensleitung und Vorstand des Saarbrücker Werkes nehmen die 20 000-Mark-Strafe mit aller Gelassenheit hin. Das Strafmaß wird in keiner Weise den Taten dieses Umweltkriminellen gerecht. Überhaupt muß gefragt werden, ob man sich von Geldstrafen bei Großbetrieben dieser Art etwas versprechen kann. (Dazu mehr im letzten Teil des Buches.)

Rhein-Main-Gebiet

Bereits im Jahre 1964 hatte der Kohlenmonoxyd-Gehalt in der Frankfurter Luft etwa den gleichen Wert erreicht wie in Los Angeles und Chicago; er war um das Doppelte höher als in San Francisco und Washington. 1982, so schätzt der Frankfuter Meteorologe Professor Georgii, wird die CO-Verschmutzung dreimal so stark sein wie 1964. Der Autoverkehr, der immer heftiger durch die bundesdeutsche Wirtschaftshauptstadt wogt, verpestet die Luft mit stündlich etwa 50 Tonnen Kohlenmonoxyd. Mehr als 200 000 Kraftwagen sind in der Main-Metropole zugelassen. Selbst in Wiesbaden, immer noch mit Mineralbad-Image umgeben, ist die Lage nicht besser: Nach Feststellungen des hessischen Umweltministeriums wurden die für Kohlenmonoxyd bei 50 Kubikzentimeter je Kubikmeter Luft liegenden Grenzwerte über acht Stunden hinweg um 30, kurzfristig sogar um 80 Kubikzentimeter überschritten. Das rheinland-pfälzische Sozialministerium kündigte erst im Februar 1971 an, Kohlenmonoxyd-Messungen in den Ballungszonen des Landes durchzuführen. Dabei aber kann der Anteil der Industriegase (Schwefeldioxyd, Kohlenwasserstoffe usw.) an der Luftverschmutzung über der Rhein-Main-Niederung nicht unterschätzt werden. Besonders Chemiewerke und Raffinerien spielen eine beträchtliche Rolle. Der Schwefeldioxyd-Gehalt der Frankfurter Luft, der 1968 einen Tiefstand erreichte, stieg bis Mitte 1970 wieder an. In Kelsterbach bei Frankfurt, einem Ort mit massierter Industrieansiedlung, entschloß man sich zu einer satirisch gefärbten Protestaktion. Bürger verteilten Blechbüchsen mit roten Aufklebern: »Luft aus Kelsterbach. Ausgesuchte Ingredenzien von Glanzstoff, Caltex, Hoechst machen Kelsterbacher Luft in der Welt bekannt.« Weniger humorvoll mag dagegen die Tatsache erscheinen, daß in der Region Frankfurt 15 Prozent aller Säuglinge an Rachitis erkrankt sind; denn auch die zwei Millionen Menschen am Untermain erhalten durch die Dunstbarrieren nur noch geringe Dosen ultravioletter Strahlung. Freilich sind geographische und klimatische Ungunst nicht eben gering: Durch die Lage in der Mainsenke und infolge des Taunus-Windschattens konzentrieren sich die Schadstoffe in den untersten Luftschichten. Gerade in den Wintermonaten entstehen leicht gefährliche Smog-Situationen. Eine der extremsten Luftvergiftungen erlebte Frankfurt vom 1. bis 15. Januar 1971. In und über der Stadt fand praktisch kein Luftaustausch mehr statt. Die Kohlenmonoxyd-Konzentrationen stiegen auf das Fünf- bis Zehnfache der üblichen Werte an. An mindestens acht Tagen wurden die als gesundheitsschädlich geltenden Grenzwerte überschrit-

ten. Auch der Schwefeldioxyd-Gehalt lag bedrohlich über dem zulässigen Pegel. Eine erhöhte Sterblichkeitsrate in diesen zwei Wochen müßte mit hoher Wahrscheinlichkeit eingetreten sein; eine Untersuchung darüber liegt nicht vor.
Ein Liter Frankfurter Stadtluft kann bis zu 800 000 feinste Staubteilchen enthalten, über einem Waldgebiet der Umgebung sind es höchstens 500. Nur: Die Grünzonen um Frankfurt lichten sich in beängstigendem Ausmaß. Wie die Regionale Planungsgemeinschaft Untermain herausfand, war von 1965 bis 1970 im Raum Hanau/Offenbach/Bad Homburg/Hofheim ein Verlust von über 3340 Hektar land- und forstwirtschaftlicher Fläche zu verzeichnen, »die zur Luftverbesserung hätten beitragen können«. Im gleichen Zeitraum verlor Frankfurt rund 28 000 Einwohner durch Abwanderung. Stadt und Region sind durch brutale Umweltschändung unattraktiv geworden. Und nicht selten werden die noch verbliebenen Parkgürtel ,Wälder und Felder durch fluorhaltige Abgase der Industrie bzw. durch Bleiberieselung aus dem Auspuff dezimiert und geschädigt.
Im verkehrsdurchfluteten Frankfurt kommt der Bleibelastung aus dem Autobenzin eine traurige Bedeutung zu. Das wurde auch durch eine Forschungsarbeit des Instituts für Arbeits- und Sozialmedizin der Universität Erlangen sehr deutlich. Vier Wissenschaftler des Instituts untersuchten in Frankfurt 79 Müllader und 79 Straßenwärter auf Bleianreicherungen im Blut. Das schockierende Ergebnis war in der »Deutschen Medizinischen Wochenschrift« nachzulesen: 16 Prozent der Untersuchten wiesen einen Bleivergiftungsgrad auf, der »arbeitsmedizinisch nicht mehr akzeptabel« war. Die Straßenwärter, für die bei ihrem Job der enge Kontakt zum Bleistaub unabwendbar ist, wiesen einen fast doppelt so hohen Blutbleigehalt auf wie eine Vergleichsgruppe aus 400 Personen, die anderen Berufen zugehörten.

Ludwigshafen und Mannheim

Für die Badische Anilin- und Sodafabrik (BASF), so versichert ihr Ludwigshafener Werksleiter, Direktor Bertold Frank, sei Umweltschutz schon immer aktuell gewesen. Von 1971 bis 1974 seien allein

40 Millionen Mark für die Luftreinhaltung vorgesehen. In einem BASF-Sonderdruck zum Thema »Umwelthygiene« rühmt Werkschemiker Dr. Manfred Häberle: »Das Staubproblem des Werkes Ludwigshafen kann als gelöst angesehen werden... Aus einem Wald rauchender Schornsteine ist ein sehr staubarmer Chemiekomplex geworden.« Der BASF-Forscher kommt zu dem Schluß: »Im Werk Ludwigshafen wird durch zügige Verbesserung der Abluftsituation auch weiterhin das gute Verhältnis zur Nachbarschaft gepflegt.«

Die Nachbarschaft – das Ballungsgebiet Ludwigshafen/Mannheim mit über 500 000 Einwohnern – kränkelt trotz BASF-Fürsorge dahin. Südlich der Mainlinie finden sich nirgendwo in der Bundesrepublik soviel Luftschmutz-Geschädigte wie unter dem Dunst des Rhein-Neckar-Raumes. Durch die Abgas- und Staubglocke gehen hier im Winter bis zu 50 Prozent der Sonneneinstrahlung verloren. In Ludwigshafen und Mannheim hat so fast jeder dritte Säugling Rachitis. Die stark reduzierte Sonneneinstrahlung läßt Vitamin-D-Mangel aufkommen. Die Zahl der Lungenkranken liegt hier um 70 Prozent höher als in Pforzheim, Stuttgart und im Kreis Nürtingen; dabei sind diese Gebiete auch nicht eben industriearm. Der prozentuale Anteil der Bronchialerkrankungen dürfte höher liegen als in allen anderen Städten der Bundesrepublik. Die Lebenserwartung der Arbeiter in Ludwigshafen ist bedeutend geringer als im BRD-Durchschnitt.

Die Ludwigshafener Luft wird von sechs Chemiebetrieben belastet: BASF, Giulini, Grünzweig + Hartmann, Benickser, Knoll und Raschig. Etwa 10 000 Tonnen Staub und Abgase gehen im Jahr auf die Stadt nieder. Neben Schwefeldioxyd und Stickoxyden atmen die Ludwigshafener Fluor, Chlor, Bleistaub, Ammoniak und Phenol ein. Der Chemieriese BASF, unter anderem Hersteller von Kunststoffen, Düngemitteln, Farbstoffen und Kunstfasern, mußte zugeben, daß die Schwefeldioxyd-Konzentration zumindest von 1961 bis 1968 in Ludwigshafen gleich geblieben war. Tröstend verwies man auf den erheblichen Rückgang der Staubniederschläge. In einigen Ludwigshafener Stadtteilen werden dennoch (wie auch in Mannheim) die zulässigen Staubwerte überschritten. Übrigens entsprechen die von der Firmenleitung genannten Ausgaben für den Umweltschutz im Jahre 1971 ziemlich genau einem Viertel der Dividende des Jahres 1969.

Die Luft in Mannheim, das geht aus den Messungen des Karlsruher Instituts für Arbeitsschutz einwandfrei hervor, hat sich in den letzten Jahren nicht verbessert. Der Staubniederschlag ist von 1964 bis 1968 weiter angestiegen. Mit 0,28 Gramm pro Quadratmeter und Tag liegt er höher als zum Beispiel in Stuttgart, Karlsruhe und Köln. Die Schwefeldioxyd-Messungen ergaben 1969 das gleiche Ergebnis wie 1965. Mannheims Schwefelbelastung ist rund sechzehnmal höher als die ländlicher Reinluftgebiete im Hunsrück, Schwarzwald und Bayerischen Wald. Die Mannheimer Luft ist selbst schwefelhaltiger als die von Gelsenkirchen. In ihr ist zehnmal soviel Staub enthalten wie in der Luft auf dem Schauinsland bei Freiburg. Das ergaben Untersuchungen der Deutschen Forschungsgemeinschaft. Im Mannheimer Industriestadtteil Waldhof ist der gesundheitsgefährdende Grenzwert längst überschritten, wie die Wissenschaftler des Karlsruher Arbeitsschutzinstituts herausfanden. Noch bedenklicher ist die Situation im südlichen Industriehafen.

Erst 1971 begannen die Länder Rheinland-Pfalz und Baden-Württemberg damit, für die industrielle Ballungszone an Rhein und Neckar einen Smogwarnplan vorzubereiten. Der Mainzer Sozialminister Heinrich Geissler (CDU) sah bei der Diskussion eines ersten Entwurfes keinen Grund zur Besorgnis: Anlaß für Smogalarm habe es in Rheinland-Pfalz noch nie gegeben. Dabei verschwieg der Minister geflissentlich, daß der Industrieausstoß jedem einzelnen Einwohner Mannheims oder Ludwigshafens pro Woche mehr als zwei Kilogramm Schwefeldioxyd (statistisch) beschert. Stattdessen wurde den Chemieherren Absolution zuteil. Die Industrie, so Geissler, sei ja nur mit einem Drittel an der Luftverschmutzung beteiligt. Nach allen Erfahrungen muß diese Angabe gerade für den Rhein-Neckar-Raum eine vage Spekulation bleiben. Ob aber Autoverkehr und Hausbrand den gesundheitlich desolaten Zustand zweier Städte hervorrufen können, muß doch wohl bezweifelt werden.

Mehr am Rande der ganzen Diskussion enthüllte das verhältnismäßig kleine Ludwigshafener Chemieunternehmen Benickser den tatsächlichen Umfang der industriellen Umweltschutzinvestitionen. Auf Public-Relations-Effekte bedacht, betonte ein Werkssprecher, daß Benickser allein 1969 1,4 Prozent seines Umsatzes für Umweltschutz ausgegeben habe. Das sei bedeutend mehr als der Bundes-

durchschnitt der chemischen Industrie: Der liege nämlich bei 0,57 Prozent.
Bei einer Umweltdemonstration griffen Ludwigshafener Schüler die Chemiemagnaten Raschig und Timm (BASF, auch als »Onkel Timms Hütte« bezeichnet) mit Sprechchören an: »Raschig und Timm machen Gewinn – Müller und Krause ersticken zu Hause!« »Profit o. k., Gesundheit k. o.«

Duisburg und Niederrhein

Nördlich von Duisburg, am grünen Orsoyer Rheinbogen, will die VEBA Chemie mit vier Milliarden Mark Kostenaufwand eines der riesigsten Chemie-Kombinate Europas bauen. Das geplante petrochemische Werk würde eine Fläche von über 600 Hektar bedecken und wäre damit dreimal so groß wie die Fabrikenstadt von Bayer in Leverkusen. Wird das VEBA-Projekt verwirklicht – alle Anzeichen sprechen dafür –, verschwindet eines der wichtigsten Landschaftsschutz- und Erholungsgebiete am Rande des Ruhrreviers von der Bildfläche. In einer Zone von zwei bis drei Kilometern rund um den Chemieriesen müßte die Bevölkerung ausgesiedelt werden. Vor allem aber: Für eine viertel Million Menschen in der Industriezone von Dinslaken, Walsum und Voerde im Norden Duisburgs verwandelt sich die ohnehin stark verschmutzte Luft in einen hochgiftigen Gasstrudel. Schon heute lassen die Schwefeldioxyd-, Staub- und Fluor-Konzentrationen im Duisburger Raum schädliche Auswirkungen auf die Gesundheit befürchten. Die Stadt Duisburg (rund 450 000 Einwohner), die den stärksten Abwanderungsverlust im Ruhrgebiet aufweist, hat die schmutzigste Luft Nordrhein-Westfalens. Mit großer Wahrscheinlichkeit kann das Gasgemisch über Duisburg als die biologisch gefährlichste Atemluft in der Bundesrepublik bezeichnet werden.
Der künftige Industriestandort nahe Rheinberg in Orsoy-Land ist eine der reizvollsten Grünoasen am Niederrhein geblieben. Rauch und Abgase aus dem VEBA-Komplex würden von hier jedoch – bedingt durch die häufigen Westwinde – über den Rhein hinweg ins stark belastete Gebiet Duisburg–Dinslaken treiben. Im Orsoyer

Rheinbogen müßten Dörfer mit zusammen 3000 Einwohnern dem petrochemischen Großwerk weichen. Die ersten Fakten sind hier bereits geschaffen: Für Geländekauf und Investitionen wurden 50 Millionen Mark aufgewendet. An öffentlichen Geldern aus dem Land NRW und dem Kreis Moers stecken heute allein über 12,8 Million Mark im Chemieprojekt der VEBA. Landes- und Bundesregierung (letztere ist an der VEBA zu 40 Prozent beteiligt) haben sich nicht gescheut, in die Diskussion zugunsten des Konzerns einzugreifen.

Dabei bilden Ärzte, Wissenschaftler, Stadt- und Kreisbehörden, aber auch die sonst so wachstumswilligen Kommunalpolitiker eine geschlossene Front gegen das VEBA-Vorhaben. Besonders eindringlich warnte der Duisburger Oberstadtdirektor Dr. Caumanns am 7. Oktober 1971 vor dem Wirtschaftsausschuß des nordrhein-westfälischen Landtages vor der Industrieansiedlung. Hier die wesentlichsten Auszüge aus dem Vortrag Dr. Caumanns:

»Nach dem Landesentwicklungsprogramm ist in den Ballungsrandzonen, zu denen auch der Raum Orsoy/Budberg gehört, folgenden Entwicklungen entgegenzuwirken:

der Zersiedlung der Landschaft,
dem Verlust an landwirtschaftlichen Böden,
der Verunstaltung des Landschaftsbildes und
der Beeinträchtigung durch Emissionen.

Zusammenhängende freie Flächen, besonders Vorranggebiete für Landwirtschaft, Forstwirtschaft, Wasserwirtschaft und Erholung sollen möglichst erhalten bleiben. Hierzu sind Maßnahmen der Sicherung zu treffen. Gegen alle diese Grundsätze wird hier verstoßen. Gerade in der Ballungsrandzone sollen Grünflächen erhalten bleiben. Das wird auch vom Nordrhein-Westfalen-Programm bestätigt: »Störend sind ... Industriebe, wenn sie durch ihren Flächenbedarf den örtlichen Maßstab sprengen.«

Mit der Ausbildung eines Industrieschwerpunktes im vorgesehenen Umfange, nur sieben Kilometer von der größten Industrieballung Europas entfernt, wird eine weitere Ausuferung des Ballungskerns betrieben. Eine solche Entwicklung wurde uns in den USA vorexerziert: Die Ballungszonen ufern aus und lassen die Kerngebiete als Slums zurück.

Der vorgesehene Industrieschwerpunkt ist verkehrsmäßig bisher

nicht erschlossen. Raffinerie und Petrochemie werden einen starken Lkw-Verkehr zunächst mit Baufahrzeugen, dann mit Tanklastzügen auslösen. Da ein geeigneter Bahnanschluß fehlt, ist ein nennenswerter Übergang des Verkehrsaufkommens auf die Schiene nicht zu erwarten. Die vorgesehenen Straßen – Bundesautobahn, Lippe- und Emscherschnellweg – werden mit Sicherheit bis 1975, wahrscheinlich aber auch bis 1980, nicht fertig sein. Der Verkehr läuft dann erfahrungsgemäß ... über die Wohnstraßen des Siedlungsschwerpunktes Duisburg-Meiderich. Ich halte es für eine unmögliche Landesplanung, einen gigantischen Industrieschwerpunkt zu etablieren, bevor die erforderlichen Infrastruktureinrichtungen geschaffen sind.
Das gesamte Ansiedlungsgebiet ist als Vorranggebiet für die Wassergewinnung ausgewiesen. Auch in diesem Punkt hat es eine Einigung gegeben; nämlich zwischen Gelsenwasser und der VEBA. Für das Umwidmungsverfahren kommt es nicht darauf an, ob die Konzerne in irgendeiner Weise ihre finanziellen Interessen ausgleichen können; es geht vielmehr um die Erhaltung und Sicherung ausgezeichneter Trinkwasservorkommen. Trinkwasser ist das Problem kommender Jahrzehnte. In Duisburg-Hamborn werden die Bürger kaum Verständnis dafür haben, daß sie eine übelriechende Rheinbrühe trinken müssen, während im Kreis Moers beste Trinkwasservorkommen den Betriebsbedarf der Petrochemie decken sollen. Auch das würde dem Gebietsentwicklungsplan widersprechen.
Das Gebiet Orsoy/Budberg ist ... als Vorranggebiet der Land- und Forstwirtschaft ausgewiesen. Die Bedingungen für die Landwirtschaft werden aufgrund der Bodeneigenschaften mit »sehr gut« bewertet. Im Ansiedlungsbereich der VEBA überschreiten mehr als 50 Prozent der landwirtschaftlichen Betriebe den durchschnittlichen Ertragswert. Die Leistungen, die die Landwirtschaft zum Wohle der gesamten Gesellschaft im Interesse der Erhaltung der Kulturlandschaft, der Regulierung des Wasserhaushaltes und der Reinhaltung der Luft erbringt, jedenfalls, bis sie die Ansiedlung der VEBA in die Wege leitete.
Landesentwicklungsprogramm, Gebietsentwicklungsplan, Entwicklungsprogramm Ruhr, Nordrhein-Westfalen-Programm, Bundesraumordnungsbericht usw. propagieren, daß die Luft im Ruhrgebiet wesentlich verbessert werden muß. Der Raum Duisburg/Dinslaken

gehört im Revier zu den am stärksten belasteten Teilräumen. Eine weitere Emissionsbelastung durch neue Mammutbetriebe ist nicht zumutbar. Die VEBA wird auf jeden Fall in erheblichem Umfang Schadstoffe ausstoßen. Die Auswirkungen der meisten Emissionen, zu denen mit neuen Produkten ständig neue unbekannte hinzukommen, sind bei weitem nicht ausreichend erforscht. Diese Feststellung ist auch vom Gutachten der Landesanstalt für Immissions- und Bodennutzungsschutz vom 21. 4. 1971 bestätigt worden.
Nach diesem Gutachten ist für den Endausbau der VEBA-Chemie stündlich mit folgendem Ausstoß von Gasen und Dämpfen zu rechnen:

Schwefeldioxyd:	11	Tonnen
Gasförmige Fluorverbindungen:	0,21	Kilogramm
Stickoxyde:	1,7	Tonnen
Schwefelwasserstoff und organische Gase und Dämpfe:	4	Tonnen
Kohlenmonoxyd:	270	Kilogramm
Chlorwasserstoff:	80	Kilogramm
Ammoniak:	12	Kilogramm
Chlor:	5	Kilogramm

Es ist bekannt, daß die Schwefeldioxyd-Belastung des gesamten Raumes unter Beachtung der VEBA-Ansiedlung, der Erweiterung der Steinkohlen-Elektrizitäts AG sowie der Ausbauabsichten von Solvay auf 2,5 Prozent der Fläche die zulässige Maximalkonzentration überschreitet, auf 25 Prozent der Fläche fast erreicht und in weiteren 66 Prozent immer noch im gesundheitsschädlichen Problembereich liegt. Dabei sind noch nicht alle Ansiedlungs- und Erweiterungspläne berücksichtigt.
So werden ... im Raume Duisburg/Moers/Dinslaken zusätzlich ca. 1680 Tonnen Schwefeldioxyd pro Tag ausgestoßen. Selbst wenn überall die sogenannte »Rauchgasentschwefelung« eingeführt würde – was zur Zeit sehr zweifelhaft ist – werden immer noch rund 500 Tonnen Schwefeldioxyd pro Tag mehr als jetzt ausgestoßen. Und das, obgleich schon bei der derzeitigen Belastung die vorhandene Vegetation zwischen Rheinberg und Bucholtwelmen stark geschädigt ist.
Die größten Probleme bringen jedoch die organischen Verbindun-

gen wie Kohlen- und Schwefelwasserstoffe mit sich. Unterstellt man, daß Nutzungsbeschränkung und Emissionsdrosselung ... durchgeführt werden, wird keine Entlastung in der Gesamtverschmutzung eintreten. Geräusche, Gerüche und sonstige Abgase machen nicht an der Zweikilometergrenze halt. Wenn in dem Zweikilometerumkreis so starke Schadstoffkonzentrationen auftreten, daß die Bewohner ausgesiedelt werden müssen, dann kann man sich leicht vorstellen, daß auch die anschließenden Räume starken Belastungen ausgesetzt sein werden.

Es sei unterstellt, daß der Kreis Moers seine relativ einseitige Wirtschaftsstruktur durch Ansatz strukturergänzender Betriebe auflokkern muß. Dabei wird offenbar in Kauf genommen, daß die VEBA-Chemie die Ballung der Grundstoffindustrie im Ruhrgebiet weiter verstärkt, statt sie zu ergänzen. Die geringe Arbeitsplatzdichte von sieben Beschäftigten pro Hektar auf dieser riesigen (Betriebs-) Fläche kann mit Sicherheit nicht als strukturgünstig bezeichnet werden. Dabei ist diese Zahl eine Prognose für das Jahr 2000. Bis 1985 sollen ganze 1300 Arbeitsplätze geschaffen werden. Hinzu kommt außerdem, daß zur Zeit kein Arbeitsplatzmangel, sondern ein Arbeitskräftemangel besteht.

Die Stadt Duisburg ist nicht gegen Wirtschaftswachstum – wo auch immer; aber sie ist gegen Wachstum um jeden Preis – und der Preis, den wir hier auf Wunsch der VEBA, des Kreises Moers, des Landes NRW und des Bundes zahlen sollen, ist entschieden zu hoch!

Das Verfahren ... hat mir drei Einsichten beschert:

1. die Freude, daß erstmalig ein regionalplanerisches Verfahren durchgeführt wurde, in dem Interessengegensätze aufgedeckt und hart diskutiert werden konnten;

2. die Betrübnis, daß Bundes- und Landesregierung im konkreten Fall trotz anderweitiger Erklärungen das Wirtschaftswachstum als höchstes Gut ansehen und den Versuch nicht scheuen, massiv Einfluß auf die Entscheidungsgremien zu nehmen;

3. der Verlust des Vertrauens in öffentlich proklamierte Zielsetzungen und Programme der Landes- und Regionalplanung.«

Scharf wendet sich auch die Duisburger »Medizinische Gesellschaft für Umweltfragen«, ein Zusammenschluß von rund 50 Ärzten, gegen das monströse VEBA-Projekt. Hier die Resolution der Ärzte:

»Die Medizinische Gesellschaft für Umweltfragen sieht es angesichts der geplanten Ansiedlung des petrochemischen Großwerkes der VEBA-Chemie im Rheinbogen bei Orsoy als ihre ärztliche Pflicht an, auf die dadurch zu erwartenden gesundheitlichen Folgen für alle Bewohner des westlichen Rhein-Ruhr-Gebietes hinzuweisen. Die der Medizinischen Gesellschaft für Umweltfragen angeschlossenen Ärzte bringen keinerlei Verständnis dafür auf, daß international anerkannte medizinische Erkenntnisse bei der Beurteilung des Standorts – im Gegensatz zu politischen und wirtschaftlichen Aspekten – kaum Beachtung gefunden haben. Wird die ärztliche Entscheidung von den verantwortlichen Politikern und Wissenschaftlern mißachtet, so sind wir der Ansicht, daß man allen für den Standort des Großwerkes verantwortlichen Politikern und Verwaltungsbeamten den Vorwurf des Experimentes am Menschen machen müsse.
Wer könnte und wollte es verantworten, wenn sich im hiesigen industriellen Ballungsraum eine ähnliche Katastrophe mit erschreckendem Anstieg von Todesfällen wiederholte, wie sie von den Smogkatastrophen in London, im Maaßtal und bei Donora/Pennsylvanien bekannt wurde? Wer könnte es verantworten, die bereits vorhandenen Luftverunreinigungen durch kohlenwasserstoffhaltige Abgase, die als Krebserzeuger bzw. krebsfördernde Stoffe hinlänglich erkannt sind, weiterhin zu steigern. Wer möchte die Verantwortung tragen für die gesundheitlichen Folgeschäden, auch im Hinblick auf allgemein vermehrte Erkrankungshäufigkeit und damit vermehrte Arbeitsunfähigkeit und Invalidität, die den Kombinationsprodukten der Luftschadstoffe angelastet werden müssen.
Die Ärzte vertreten daher die Auffassung, daß die Erstellung eines entsprechenden Großemittenden aus gesundheitlichen Gründen unter allen Umständen unterbleiben muß.
Diese ärztliche Forderung erhält um so mehr Gewicht, als sich an der Rheinfront des westlichen Ruhrgebietes ohnehin bereits zahlreiche Großbetriebe befinden, die zu einer der stärksten Staubbelastungen in der Welt führen. Die Ärzte sehen das Klima des westlichen Rhein-Ruhr-Gebietes ... als in hohem Maße gefährdet an. Nach Angaben des Wetteramtes Essen sind die Hauptwindrichtungen dieses Gebietes westlich. Das linksrheinische Gebiet Moers muß daher als ein Frischluftkorridor für das gesamte westliche Rhein-

Ruhr-Gebiet angesehen werden, welcher unter keinen Umständen durch einen Lärm-, Staub- und Schwefeldioxyd-Vorhang unterbrochen werden darf. Die Ärzte vertreten die Auffassung, daß dieser Frischluftkorridor für Millionen von Bewohnern des Ruhrgebietes lebensnotwendig ist. Der VEBA-Standort bei Orsoy muß daher als einer der meteorologisch ungünstigsten in Europa angesehen werden.
Die Medizinische Gesellschaft für Umweltfragen fordert daher, die bislang schicksalhaft folgenschwerste Fehlentscheidung für den Raum an Rhein und Ruhr rechtzeitig zu revidieren.«
Ohne die Umweltrisiken ernsthaft in Betracht zu ziehen, beharrt die VEBA auf dem günstigen Standort bei Orsoy, der für den Konzern folgende Vorteile mit sich bringt:
a) ausreichend Platz für künftige Erweiterungen,
b) kostengünstige Versorgung mit Rohöl über eine Pipeline,
c) günstige Verbindungen zu den Abnehmern,
d) Möglichkeiten des Rohrleitungsverbandes zu den vorhandenen Produktionsstätten im Ruhrgebiet.
Den Hauptgrund nennt aber die Industriegewerkschaft Chemie:
»Was den Standort Orsoy in der Unternehmenskalkulation als einzig und allein richtig erscheinen läßt, sind die 45 Millionen DM Investitionsprämie. Einen anderen, weiter nördlich im Landkreis Rees gelegenen Standort bei Bislich hat die VEBA-Geschäftsleitung deshalb brüsk abgelehnt. Bislich liegt nicht im Bereich des Kohleanpassungsgesetzes, nach dem Industrieansiedlungen honoriert werden.«
Auf die Vorwürfe und Warnungen der Ärzte und Behörden (denen sich in einer Unterschriftenaktion 50 000 Menschen anschlossen) reagierte der VEBA-Vorstand teils mit gereizter Polemik, teils mit beruhigenden, aber wenig präzisen Kommentaren. So beschwichtigte die VEBA: »Unser Werk Rheinberg wird keine Schwefeldioxyd-Mengen ausstoßen, die zu Bedenken Anlaß geben.« Man zweifelte denn auch an der »Gründlichkeit und Gewissenhaftigkeit« der immerhin 50 Mediziner, die als »leichtfertig« bezeichnet wurden.
VEBA-Vorstandsmitglied Dr. Faltings, der wissenschaftlichen Diskussion überdrüssig, sah in der Umweltaktion gegen die VEBA »die nachträgliche Verwirklichung des Morgenthau-Plans«. Die

Dinslakener Ausgabe der »Westdeutschen Allgemeinen Zeitung« (WAZ) bescheinigte Faltings »brutalen Manchester-Kapitalismus«. Vorstandskollege Dr. Kemper ließ wissen: »Wir werden nur die notwendigen und industrieüblichen Umweltschutzmaßnahmen akzeptieren. Es wird keine lex veba geben!« Der VEBA-Vorstandsvorsitzende Rudolf von Benningsen-Foerder stellte in Oberhausen fest: Man werde das Projekt in jedem Fall in Angriff nehmen. Dabei spiele es keine Rolle, ob die erforderliche Baugenehmigung vorliege oder nicht. Ihrer Fürsprecher in der Bundes-, Landes- und Regionalpolitik können die VEBA-Bosse sicher sein: Selbst Bundeswirtschaftsminister Schiller wies NRW-Ministerpräsident Kühn auf die Bedeutung der petrochemischen Riesenfabrik hin. VEBA-freundlich zeigte sich da auch das NRW-Wirtschaftsministerium. Der zuständige Minister Riemer (FDP) wurde in Dinslaken von der Bevölkerung ausgepfiffen. Der Ruhrsiedlungsverband – ein Gemeindezusammenschluß mit Planungshoheit – votierte mit 47 gegen 22 Stimmen für den »VEBA-Moloch« (so die NRW-Jungsozialisten). Der Düsseldorfer Regierungspräsident Bäumer mochte da nicht mehr stillhalten. Sein Fazit: »Die Firmen haben den Standort bestimmt, die Landesplanung vollzieht nur noch.« Eindeutig nämlich hatte die VEBA gedroht, wenn man in Orsoy nicht bauen könne, werde das Unternehmen Nordrhein-Westfalen verlassen.

Der Fall VEBA ist ein Lehrstück für alle diejenigen, die das Umweltbewußtsein der Industrie an ihren Anzeigenslogans (Bayer: »Mit jedem Tag wird die Welt schöner«) messen wollen. Keine Public Relations kann mehr vernebeln, daß die Industrie nach wie vor als ökologischer Killer bereitsteht, die Landschaft zu zerstören, die Luft zu vergiften. Endgültig zerplatzt ist auch die Illusion vom verantwortungsbewußten Umweltdenken mancher Politiker.

Übrig bleibt eine makabre Spekulation: Wird man den sprunghaft angestiegenen Anteil der Lungenkrebs-Toten, Kreislaufschwachen, Chemiedunst-Invaliden und Bronchitiker im Jahre 1975 oder 1980, die die Krankenhäuser bzw. Friedhöfe um Duisburg und Dinslaken füllen, der Lust am Zigarettenrauchen zuschieben?

Den Vorstandsherren der VEBA wäre das zuzutrauen.

Karlsruhe

Am 9. Februar 1971 wurde das Atmen in der Karlsruher Luft zur gesundheitlichen Gefahr. Die Schwefeldioxyd-Konzentrationen überschritten den gerade noch zulässigen Grenzwert um das Vierfache. Sie lagen bei 0,8 Teile Schwefeldioxyd auf eine Million Teile Luft (0,2 gelten als eben noch zumutbar). Erst sieben Wochen später ging der Schwefelgas-Gehalt wieder zurück. Der giftige Hauch verflog mit den letzten Märztagen.

Die 50tägige Giftdusche aus der Luft kostete Menschenleben. In Karlsruhe war während des Zeitraums erhöhter Luftverschmutzung die Sterblichkeitsrate stark angestiegen. Nach der Statistik starben 40 Menschen mehr als im langjährigen Mittel von 225 Todesfällen.

Das ist das Ergebnis einer Untersuchung der »Bürgeraktion Umweltschutz Zentrales Oberrheingebiet«, der zahlreiche Karlsruher Wissenschaftler angehören. Die Umweltaktion (rund 200 Mitglieder, davon 50 Prozent Akademiker) ermittelte weiter: Der Stickoxyd-Gehalt der Luft liegt in Karlsruhe bedeutend über dem erträglichen Schwellenwert, zum Teil ist er doppelt so hoch. Auch die Kohlenwasserstoffmenge habe ein besorgniserregendes Ausmaß erreicht (erlaubte Konzentration um das fünffache überschritten).

Gleichzeitig wurden die Schuldigen der Luftmisere ins Rampenlicht gerückt. Für 40 Prozent der Schadstoffe in der Luft sei die Industrie verantwortlich – und zwar in erster Linie die drei Raffinerien im Karlsruher Raum (Esso, Mobiloil und Oberrheinische Mineralölwerke). Selbst die baden-württembergische Landesanstalt für Arbeitsschutz und Arbeitsmedizin, im Umgang mit der Industrie eher behutsam, befand in einem Rechenschaftsbericht: »Die höchsten (Schwefeldioxyd-)Belastungen traten an den Meßpunkten in Knielingen und Neureut auf; dies ist auf den Einfluß der beiden Erdölraffinerien zurückzuführen.«

Keck behauptet dagegen die Esso, die bisherigen Beschwerden über Luftverunreinigungen könne »eine Katze auf dem Schwanz nach Hause tragen.« Ein Bürgermeister aus dem Karlsruher Umland zum Esso-Bonmot: »Diffamierung«.

Die Klagen über die umweltfeindlichen Raffineriebetriebe richtete die Bürgeraktion auch an den baden-württembergischen Arbeits-

und Sozialminister Hirlinger: »Der Minister vergißt, daß er eigentlich den Schlüssel selbst in der Tasche hat, mit dem er zumindest die Verhältnisse in Karlsruhe entscheidend bessern könnte, denn die katastrophalen Luftverhältnisse sind hier mit Genehmigung von Verfahren bei den Raffinerien eingetreten, die sein Ministerium entgegen dem Rat von Fachleuten erteilt hat und die im 9. Februar 1971« – dem Tag, an dem nach Angaben der Aktion Umweltschutz die Schwefeldioxyd-Konzentration in die Höhe schnellte – »begonnen haben.«

Der Schwefeldioxyd-Gehalt sei zwar im April 1971 wieder abgesunken: »Dafür ist aber der Ausstoß an Stickoxyden als Folge der Verbrennung von Raffineriegas stark angestiegen. In Hochdruck-Crackanlagen entstehen große Mengen aromatischer Kohlenwasserstoffe, die teils der Anlage selbst entweichen, nur unvollständig zur Verbrennung gelangen und somit von den Kaminen oder der Fackel in die Atmosphäre entweichen.« Unverdrossen urteilt die Landesanstalt für Arbeitsschutz (ein Sprecher der Bürgeraktion: »völlig unterbesetzt«): Der Anteil des Hausbrandes am Luftschmutz sei sehr wesentlich.

An den Karlsruher Grünzonen geht die Luftverpestung nicht spurlos vorüber. Bei den Nadelbäumen der Karlsruher Waldstadt seien bereits zwei Drittel der Spaltöffnungen an den Nadeln durch Schmutz verschlossen. Das bedeutet: die Atmung der Bäume setzt aus, sie wachsen nicht mehr. Im Bereich von zwei Straßenzügen sterben rund 300 Bäume ab. Hier spielen jedoch vor allem bleihaltige Autoabgase eine Rolle.

Der Nahkampf um die Karlsruher Industrie eskaliert. Hans-Helmuth Wüstenhagen, Vorstandsmitglied der Umweltaktion, unterschätzt Macht und Methoden der Konzernspitzen keinesfalls: »Ich muß vorsichtig sein, selbst bei dem, was ich Anrufern am Telefon sage. Die Industrie will einiges gegen uns unternehmen – mit allen Mitteln.«

Nordenham

Das Weideland um Nordenham ist mit Schwermetallen verseucht. Auf die Marschwiesen an der Unterweser senkt sich Tag für Tag ein Staubteppich, der das Vieh krepieren läßt. Nach einem Bericht der niedersächsischen Landesregierung hat der Bleigehalt im Boden das 120fache und der Zinkgehalt das 150fache des Normalwertes erreicht. Die Luft über Nordenham (knapp 30 000 Einwohner) enthält weiter Schwefeldioxyd, Fluor- und vermutlich auch Arsenverbindungen. Massiert wurde nahe der Wesermündung Industrie angesiedelt: Allein die Zinkelektrolyse der »Preussag Metall« erforderte Investitionen in Höhe von 150 Millionen Mark. Das Werk bietet aber nur 500 Arbeitsplätze. In Nordenham arbeiten darüber hinaus eine Titan- und eine Kunstdüngerfabrik. In den nächsten Jahren wird Asbestindustrie und wahrscheinlich auch ein Atomkraftwerk hinzukommen.

Die Wiesen des Bauern Walbert Strahlmann hatten einmal das Prädikat »Fettweideland«. Dann aber rückten die Fabrikschornsteine immer näher, die Blei- und Zinkstaubemissionen verstärkten sich. Die Wiesen in Nordenham-Blexersande wurden für das Vieh zur Giftfalle. Seit 1967 verendeten auf dem 15,6 Hektar großen Besitz 64 Stück Vieh. Landwirt Strahlmann gibt seine Verluste für das erste Halbjahr 1971 mit 5500 Mark an. Wegen des hohen Bleigehalts, der ausschließlich durch Industriestaub verursacht wird, kann die Milch der Kühe nicht als Trinkmilch freigegeben werden. Sie wird teilweise zu Trockenmilch verarbeitet. Die vom Blei vergiftete Leber der Rinder ist für den Verkauf nicht mehr verwendbar. Muß ein Bulle notgeschlachtet werden, bekommt Strahlmann einen »Schadenersatz« von etwas über 56 Mark. Der Wert des Tieres liegt aber bei 1200 Mark. Strahlmann: »Ich bin nicht der einzig Betroffene, andere Bauern triffts genauso!«

Statt frischer Nordseebrisen treibt den Industrie-Anliegern um Nordenham Metallstaub ins Gesicht. Vorerst klagen die Menschen »nur« über Kopf- und Halsschmerzen oder Brechreiz. Die Spätfolgen der Zink- und Bleiberieselung bleiben abzuwarten.

Walbert Strahlmann sieht keinen Ausweg mehr. Der Bauer hat das Armenrecht beantragt.

Mülheim

Das Umweltproblem der Stadt Mülheim an der Ruhr ist ein Fünf-Millionen-Mark-Problem. Diese Summe wäre notwendig, um die riesige Schlackenhalde der stillgelegten Zeche Wiesche in Mülheim-Heißen abzutragen. Seit Februar 1971 brennen die 550 000 Kubikmeter Abraummassen. Wem der Schwelbrand auf dem Schlackengebirge anfangs noch als »Betriebsunfall« erschien, sah sich bald getäuscht. Bei Regenwetter und bestimmten Windrichtungen treiben von der Halde Giftgaswolken auf den Mülheimer Stadtteil Heißen zu. Die Konzentrationen an Kohlenmonoxyd, Schwefeldioxyd und Schwefelwasserstoff erreichen ein gesundheitsgefährdendes Ausmaß, wie auch das Mülheimer Gesundheitsamt zugeben mußte. An Regentagen und bei östlichen Winden hüllt das schwefelhaltige Gasgemisch die Straßenzüge in Heißen ein. Das Kohlenmonoxyd ruft Kopfschmerzen hervor, Schwefeldioxyd reizt die Atemwege, der Schwefelwasserstoff läßt allgemeine Benommenheit und Konzentrationsschwäche aufkommen.

Die Hausfrauen, die morgens hier ihre Einkäufe besorgen, fühlen sich schon, bevor sie den nächsten Laden erreicht haben, elend. Atembeschwerden, gereizte Schleimhäute, Stechen im Hals und in der Nase. In der Heißener Renault-Niederlassung leidet die gesamte Belegschaft an Dauerkopfschmerzen. An Tagen, wo die Gasdrift vom Wetter begünstigt wird, muß der Betriebsleiter oft fünf bis sechs Röhrchen mit Kopfschmerztabletten für die Arbeiter bereithalten. Erste Bronchitisfälle traten auf, auch bei den Kindern in Heißen. Die Fenster der Wohnungen müssen mit Zusatzdichtungen umklebt werden.

Nach Meinung der Hauptstelle für das Grubenrettungswesen in Essen habe sich der Brand als »unlöschbar« erwiesen. Es bestehe nur noch die Möglichkeit, die Halde abzutragen. Die Stadt Mülheim hält es für zwecklos, die Eigentümer der Halde aufzufordern, den brennenden Schlackenberg zu beseitigen. Es handelt sich um zwei Privatunternehmer aus Essen, die die Halde für nur 12 000 Mark gekauft hatten, um sie als Straßenbaumaterial zu verwenden. Deren Existenz aber würde vernichtet, wollte man bei ihnen die fünf Millionen Mark einziehen. Die Stadtverwaltung hofft, mit Hilfe von Bundes- und Landesmitteln die Halde abräumen zu

können. In seinem Anfangsstadium hätte der Schlackenbrand im Februar 1971 vielleicht noch gelöscht werden können, mutmaßen Fachleute. Damals aber war für die Behörden eine »Gefährdung der öffentlichen Ordnung und Sicherheit« noch nicht gegeben.
In Mülheim, wo die allgemeine Staubbelastung 1970 höher war als 1965, ist ein beängstigender Anstieg der Lungenkrebssterblichkeit zu verzeichnen. Sie war schon 1966 fast doppelt so hoch wie im Bundesdurchschnitt. In Mülheim 50 Sterbefälle an Lungenkrebs auf je 100 000 Einwohner, Durchschnittswert in der BRD: 26.

München

Die Münchner Luft ist ein Opfer der Autolawine geworden. Anders als in vielen Großstädten der Bundesrepublik darf die Luftverschmutzung aus industriellen Quellen hier als bedeutungslos betrachtet werden. Nach Angaben des Münchner Stadtentwicklungsreferates geht die Gesamtbelastung der Luft zu mehr als 90 Prozent auf den Kraftfahrzeugverkehr zurück. Die Olympia-Stadt hat die größte Verkehrsdichte in Westdeutschland: Hier sind 430 000 Kraftwagen zugelassen, jedes Jahr kommen 30 000 hinzu. Die überschwappende Motorisierungswelle, so Oberbürgermeister Vogel, »paralysiert die Stadt«. Der Verkehrs-Kollaps auf den Straßen der ›heimlichen Hauptstadt‹ findet in einer Giftgas-Atmosphäre statt. Jeder Atemzug bedeutet weniger Sauerstoff, mehr Kohlenmonoxyd, Kohlenwasserstoffe und Stickoxyde. Selbst die Hälfte der 73 000 Tonnen Feinstaub werden aus den Auspuffrohren der Münchner Automobile geliefert.
Zur Luftverschmutzung gesellt sich ein Handikap meteorologischer Natur. In einer Studie des Stadtentwicklungsreferates heißt es:
»Die topographische und klimatische Situation in München läßt an 78 Prozent aller Tage sogenannte ›Inversionen‹ entstehen. Es handelt sich um besonders stabile Luftschichtungen mit einer Sperrschicht in etwa 100 bis 150 Meter Höhe. Die Windgeschwindigkeiten liegen unter zwei Meter in der Sekunde. Ein Austausch mit den höheren Luftschichten findet nicht statt. Schadgase addieren sich während der Dauer solcher Inversionen rasch auf. In der winterlichen Jahreszeit können Inversionen über Tage und Wochen erhalten bleiben.«

München ist also extrem smoganfällig. Beispielsweise lagerte im Dezember 1971 ein solcher schwarzgrauer Wolkenpanzer acht Tage lang über der Stadt. Schwefeldioxyd- und Kohlenmonoxyd-Konzentrationen stiegen auf das vierfache an. Die Folgen: weitverbreitete Kurzatmigkeit, Anstieg der Kreislaufzusammenbrüche, Jucken in den Augen, Kratzen im Hals. Bei der Münchner Feuerwehr waren die Notärzte wesentlich öfter las sonst im Einsatz. In der Smogdecke mischten sich Gase, Staub, Gummiabrieb der Autos und sogar zerbröseltes Streugut.
Darüber hinaus schafft sich München mit seinem Luftschmutz ein eigenes neues Klima. Jährlich scheint die Sonne in Münchens City mindestens 100 Stunden weniger als im ländlichen Umland der Millionenstadt. Die Dunstglocke ist so stark, daß sie zeitweilig zur Einstellung des Sportflugverkehrs wegen »plötzlicher Nebelbildung« aus den Staubschwaden zwingt. Wegen der Luftverschmutzung fällt der größte Teil des Münchner Regens als Dauerniesel. In den letzten 15 Jahren regnete es in München an 2666 Tagen, an 2318 herrschte trübes Wetter, nur 609 Tage zeigten sich heiter und sonnig.
Bereits ein Gang durch die Paul-Heyse-Unterführung am Münchner Hauptbahnhof gerät zum gesundheitlichen Risiko. Die 29 000 Autos, die täglich durch den Tunnel schleichen, sorgen für einen bedrohlichen Kohlenmonoxyd-Stau. Jeder, der das Gasgewölbe durchschreitet, muß mit einem drastischen Rückgang des Sauerstofftransportes in seinem Blut rechnen. Das kann zu Schwindelgefühl und Ermattungserscheinungen führen – selbst bei jüngeren Menschen. Das Kohlenmonoxyd – bekannt als Garagengift und Selbstmördergas – wirkt selbst auf Autofahrer, die in ihrem Wagen die Tunnelröhe passieren. In der Pkw-Schlange der rush hour werden ihre Reaktionen im vergasten Paul-Heyse-Schlund langsamer. Der vorgesehene Smogalarm-Plan des bayerischen Umweltministeriums soll verhindern, daß »sich der Münchner in Zukunft nicht von Frischluftautomat zu Frischluftautomat durchkämpfen muß«.
Den Abgasschwaden des Kraftfahrzeugverkehrs hat München auch die höchste Krebssterblichkeit in der BRD zu verdanken. Allein 320 Tonnen krebsfördernde und krebserzeugende Kohlenwasserstoffe wirbeln täglich durch die Straßen. Krebs macht bereits 22,2 Prozent aller Sterbefälle in München aus (damit vier Prozent mehr

als im Bundesdurchschnitt). Dazu die Stadtstatistiker: »Diese Ziffern gewinnen noch an Bedeutung, wenn man berücksichtigt, daß München dem Altersaufbau nach eine verhältnismäßig junge Stadt ist.«
Trotz aller Schockmeldungen aus dem Auto-Chaos ist dem Allgemeinen Deutschen Automobilclub (ADAC) die Situation immer noch nicht klar geworden. Scharf wandte er sich gegen die ›Verteufelung‹ des Autos und drängte die Münchner Stadtverwaltung zu mehr Autofreundlichkeit. Mehr Straßen, breitere Straßen und Erweiterung der Parkplätze lauteten die Forderungen des ADAC. Eine autogerechte Stadt werde Luftverschmutzungsprobleme kaum noch kennen. Die autogerechte Stadt, das hat sich nun auch in den meisten Rathausetagen herumgesprochen, kann es nicht geben. Es sei denn in Gestalt einer 30 Kilometer breiten Asphaltwüste aus Schnellstraßen, wo alle Menschen längst evakuiert worden sind.
Die Prognosen für das München des Jahres 1985 lassen ein düsteres Zukunftspanorama entstehen. So rechnet das Stadtentwicklungsreferat mit einer dreifach stärkeren Motorisierung bei einer Gesamteinwohnerzahl von 1,6 Millionen. Die Überlebenschancen in der Münchner Luft sind 1985 stark abgesunken: Kohlenmonoxyd- und Kohlenwasserstoff-Konzentrationen haben sich zumindest verdreifacht. Dabei setzt die Prognose schon voraus, daß jährlich bis zu 100 Millionen Mark für den Straßenausbau investiert wurden. Auf die Vorschläge der Auto-Ideologen des ADAC darf man dann besonders gespannt sein.

Worms

Die Deutsche Shell AG und der Wormser Oberbürgermeister Dr. Kuhfuß beschlossen, »das Projekt so lange wie möglich vertraulich (zu) behandeln«. Diskretion schienen dem Mineralölkonzern und dem Stadtpolitiker ratsam: Im Norden der Nibelungenstadt plant die Shell eine riesige Raffinerie und petrochemische Werke. Zwischen Worms-Rheindürkheim und -Ibersheim wären dafür 600 Hektar Land erforderlich. Shell-Emissäre und Rathausspitze hatten sich in einem sechs Seiten langen geheimen Vertragsentwurf bereits über Einzelheiten der Industrieansiedlung verständigt. Die Fülle der

Planungsdetails enthielt jedoch nicht eine einzige Angabe über Umweltschutzmaßnahmen. Gutachten über die mögliche Luft- und Gewässerverunreinigung durch das petrochemische Großwerk in der rheinhessischen Ebene wurden erst gar nicht angefordert. Dafür bot das Geheimpapier der Stadt Worms einen prallen Katalog an Shell-Wünschen: Örtliche Planungen (»Straßen, Brücken, Eisenbahn, Bahnhöfe, Sport -und Freizeitanlagen, Wohngebiete«) müßten mit dem Projekt der Shell abgestimmt werden. Außerdem solle die Stadt für den Konzern einen Rheinhafen errichten. Allerdings nach den Anweisungen der Shell. Überhaupt sei das Projekt im Zusammenhang mit städtischen Planungen (z. B. Straßen) »vordringlich« zu behandeln. Ohne Materialien über Umweltrisiken sollte der Wormser Stadtrat dem Vertrag zustimmen.

Als dann doch Teile des Entwurfs aus den Rathausschubladen an die Öffentlichkeit durchdrangen, erhoben Umweltexperten aus Rheinland-Pfalz und Hessen scharfen Protest. Dr. Hermann Diehl vom »Arbeitskreis für Landschaftspflege und Grünordnung« fürchtete, daß das Shell-Vorhaben »die Lebensverhältnisse in unserem Raum tiefgreifend – wenn nicht sogar grundsätzlich – verändern kann«.

Die Arbeitsgemeinschaft Umwelt an der Universität Mainz kritisierte: »Die Raffinerie würde eine starke zusätzliche Immissionsbelastung darstellen. Dies ist in der nördlichen Oberrheinebene besonders bedenklich, weil hier häufig ... schlechte Luft über lange Zeit nicht abfließen kann und zusammen mit Nebel den lebensbedrohenden Smog bildet. Neben der Gefahr für die Gesundheit der Bevölkerung ist eine wesentliche Gefährdung der Landwirtschaft, besonders des Weinbaus zu erwarten.

Das (für die Shell) in Aussicht genommene Gelände beherbergt das letzte bedeutende rheinhessische Trinkwasserreservoir. Eine Überbauung würde – trotz gegenteiliger Behauptungen der Planer – eine Nutzung zumindest gefährden, wenn nicht ganz ausschließen. Neben Worms wären davon zumindest die Städte Bad Kreuznach und Mainz betroffen, die nach 1975 ihr Wasser außerhalb ihrer bisherigen Gewinnungsgebiete beziehen müssen. Der Kubikmeterpreis würde sich voraussichtlich bei Verzicht auf dieses Reservoir um 320 Prozent erhöhen.«

Zu beiden Seiten des Rheins muß den Winzern die Zukunft düster

erscheinen. Säure -und Schwefelregen könnten spätestens um 1976, wenn die Shell den Raffineriebau vollendet haben will, ihre Rebenkulturen vernichten. Erfahrungen aus dem Moseltal lehren, daß Schwefeldioxyd und Kohlenwasserstoffverbindungen Rebstöcke und reifende Frucht erheblich schädigen können. Verminderter Wuchs, mangelnde Reife sind ebenso zu befürchten wie totaler Ernteausfall. Nur geringste Schwefeldioxydmengen während der Reifungszeit der Trauben machen den Wein völlig ungenießbar.
Umweltminister Dr. Werner Best aus dem benachbarten Hessen mochte sich diesen Erkenntnissen nicht versagen. In einem Brief an den rheinland-pfälzischen Landwirtschaftsminister Otto Meyer betonte er, »daß der Bau einer Anlage dieser Art in der Nähe der Weinbaugebiete verhindert werden muß. Mit Auflagen kann hier nicht gearbeitet werden, da bekannt ist, welche Belastungen durch petrochemische Anlagen entstehen«. Minister Best bat den Mainzer Kollegen, »dafür zu sorgen, daß die Errichtung der Anlage in dem vorgesehenen Raum unterbleibt«. Die Shell hatte bereits versucht, im hessischen Kreis Groß-Gerau ihren Raffineriebau durchzusetzen, war hier aber nach einem Proteststurm bereit, sich zurückzuziehen. So erschien es der Firma ratsam, beim zweiten Anlauf in Worms die Standortpolitik in geheimer Mission zu realisieren. Die »Aktionsgemeinschaft für Umweltschutz in Rheinhessen-Süd« sah sich an »totalitäre Verfahrensweisen« erinnert.
Die SPD-Fraktion im Wormser Stadtrat hat den Vertragsentwurf bereits abgelehnt. Parteiunabhängige Stadtverordnete warnten davor, der Gemeinde mit dem Shell-Projekt »finanzielles Risiko und neue städtische Schuldenlast« aufzubürden. Nach dem gescheiterten »geheimniskrämerischen Vorgehen« – so der Stadtrat von Gernsheim (Hessen) – wartet Worms auf Umweltgutachten und Kosten-Nutzen-Rechnung.
Das rheinland-pfälzische Wirtschaftsministerium zeigte zwar »Verständnis für die Besorgnisse der Bevölkerung« um Worms, betonte aber gleichzeitig, daß es sich um ein »aus wirtschaftsstrukturellen und energiepolitischen Gründen bedeutsames Vorhaben« handle. Von den Bedenken des hessischen Umweltministers Dr. Best müsse man annehmen, daß sie nicht von der Sorge vor Umweltgefahren bestimmt waren, »sondern einem erwerbswirtschaftlichen Konkurrenzdenken entsprangen«. Dieser Vorwurf muß absurd erscheinen,

nachdem die Shell zuvor aus Hessen zurückgedrängt worden war. Die Mainzer Landesregierung, allen Industrieansiedlungen im oft kargen Rebenland sehr aufgeschlossen, möchte nach dem breiten Sperrfeuer öffentlicher Kritik nun doch Umweltexpertisen zum Shell-Projekt einholen. Minister Hollenbrink erklärte nach einer Anfrage der FDP, man habe eine Klima-Analyse durch den Deutschen Wetterdienst, Grundpegelmessungen über die bestehende Lufttverunreinigung, eine Untersuchung über Bodennutzung und landwirtschaftliche Ertragsverhältnisse und ein Gutachten über mögliche Auswirkungen auf Grundwasservorkommen in Auftrag gegeben.

Dortmund

Dortmund, die zweitgrößte Stadt des Ruhrreviers, zeigt sich umweltbewußt. Die Luftvergiftung vergangener Jahre durch Zechenbetriebe, Kokereien, Stahl- und Eisenindustrie scheint ausgestanden, Ruß, Staub und Abgaswolken haben sich verflüchtigt. Das jedenfalls wollen Industrie und Behörden in Dortmund suggerieren. In den vergangenen zehn Jahren, so rühmt die örtliche Industrie- und Handelskammer, wurden von den Konzernen und Firmen rund 160 Millionen Mark für Luftreinhaltung und Lärmschutz aufgewendet. Das städtische Hygieneinstitut beschwichtigt mit dem Hinweis, daß die Staubbelästigung in Dortmund jährlich um zehn Prozent nachlasse. Der Dortmunder Stadtrat beschloß im November 1970, eine Kommission für Umweltschutz zu gründen. Dieser Kommission gehören Vertreter der Wirtschaft, der städtischen Behörden und Ämter (u. a. des Amtes für Wirtschaftsförderung), der politischen Parteien und der Gewerkschaften an. Die Tätigkeit dieser Kommission besteht in erster Linie aus Stadtrundfahrten und Stadtteilbesichtigungen. Im Verlauf der Umweltkampagne ersannen Rat und Verwaltung ein Motto, das eine ebenso schlichte wie falsche Feststellung ist: »Dortmund – saubere Stadt«.
Jährlich gehen auf das Dortmunder Stadtgebiet 32 000 Tonnen Staub nieder. Das ist mehr als doppelt soviel, wie Köln zu verkraften hat. Der Staubregen auf die 660 000 Dortmunder läßt keinesfalls nach. Der Behauptung des städtischen Hygieneinstituts, das

eine zehnprozentige Abnahme ermittelt haben will, steht eine Untersuchung des Siedlungsverbandes Ruhrkohlenbezirk gegenüber. Der Siedlungsverband verzeichnete eine deutliche Zunahme des Staubauswurfs und errechnete für eine Reihe Dortmunder Stadtteile Werte zwischen elf und 48 Gramm Staub pro Quadratmeter und Monat.

Auch die Messungen der Essener Landesanstalt für Immissions- und Bodennutzungsschutz lassen zumindest für die Nordhälfte der Stadt keinen Rückgang des Staubniederschlags erkennen. Die Schwefeldioxyd-Konzentration in der Dortmunder Luft hatte Ende 1970 die gleiche Höhe wie Ende 1966. An etwa 290 Tagen im Jahr ist die Luftverschmutzung so groß, daß empfindliche Menschen durch Erkrankungen der Atemorgane gefährdet werden können. Auf 100 000 Einwohner Dortmunds kamen 1966 43 Lungenkrebs-Tote; 1960 waren es erst 28 gewesen. Im Bundesdurchschnitt kamen 1966 nur 26 Sterbefälle an Lungenkrebs auf je 100 000 Einwohner.

Vom Industrieschmutz sind die Stadtteile Huckarde, Schüren, Brackel, Derne und Hörde am meisten betroffen. In Dortmund-Huckarde sorgen hohe Schwefeldioxyd-Konzentrationen in der Luft nach wie vor für akute Gesundheitsgefährdung, wie Messungen der Landesanstalt für Immissionsschutz ergaben. Die »Kokerei Hansa« wird von der Bevölkerung als »Dreckspender Nummer eins in Dortmund und Umgebung« bezeichnet. In unmittelbarer Nähe der Kokerei liegt eine Obdachlosensiedlung mit rund 600 Bewohnern. Die Leute hier wagen kaum Protest: »Wir werden langsam, aber sicher vergast, was sollen wir schon machen?« Fast ständig hängen Ruß und Schwefelwolken in der Luft. Die Betonmauern der Siedlung wirken zerfressen und brüchig. Aber auch die Bewohner ganzer Straßenzüge sind Kokerei-Geschädigte. Brigitte M.: »Obwohl ich mich schon öfter beim Bergamt Dortmund und bei dem Betriebsleiter der Kokerei beschwert habe, wird es immer schlimmer. Jetzt werden alle fünf bis sieben Minuten dicke schwarze Rauchwolken über die Huckarder Bevölkerung losgelassen. Die Wäsche, die draußen trocknen sollte, muß hier oft noch einmal gewaschen werden.« Werner P. ist an der Huckarder Luft krank geworden: »Seitdem ich von Mönchengladbach herzog und schon seit 1967 hier in der Nähe der Hansa-Kokerei wohne, macht sich die Luftverschmutzung bei mir gesundheitlich bemerkbar: dauernd Atemschwierigkeiten und ein chronisches Magenleiden.«

Im hügeligen Südwesten Dortmunds liegt der Stadtteil Schüren: Zwischen oft schäbig wirkenden Häusern im Kötterstil, gebaut vor dem Ersten Weltkrieg, erstrecken sich Gärten mit Obstbäumen. Schüren, vor allem Schüren-West, ist keine Ruhr-Idylle im Grünen. Hier arbeitet die Schlackenaufbereitungsanlage Heckett GmbH, gepachtet vom Hoesch-Konzern. Die Schlacke von einem Stahlwerk in Hörde wird hier zerkleinert und zermahlen. Es entsteht schließlich feinkörniges Thomasmehl. In bis zu drei Meter tiefen Erdmulden erkaltet die zuerst noch glühende Schlacke. Beim Einkippen bilden sich bläuliche Dämpfe. Lastwagen transportieren die kalte Schlacke in ein Vormahlwerk, auf Fließbändern gelangt das Material weiter in ein anderes Mahlwerk. Wasserberieselungsanlagen und Filter sind auf dem Betriebsgelände installiert. Tagsüber wird so der Staubauswurf vermindert, den Anliegern des Werkes erscheint es »noch erträglich«. Nach 17 Uhr, aber auch an Samstagen, Sonn- und Feiertagen herrscht in Schüren Staub-Notstand. Abend für Abend ziehen die Staubwolken auf ein 22 Hektar großes Wohngebiet, in dem 2000 Menschen leben. Ein bedrohliches Ausmaß hat die Staubbelästigung besonders für die Meinbergsiedlung angenommen. Die Männer unter den fast 500 Einwohnern sind zu rund 80 Prozent Bergbauinvaliden. Sie wurden aus zechennahen Siedlungen in der Umgebung Dortmunds vor einigen Jahren mit dem Versprechen nach Schüren gelockt, hier einen Lebensabend ohne Dreck und Staub verbringen zu können. Die Bergbauinvaliden von der Meinbergsiedlung haben zumeist 40 Jahre und noch mehr im Pütt gearbeitet. Dem Staubschlucken unter Tage haben sie ihre kranken und verrußten Lungen zu verdanken. Jetzt dringt der Schlackenstaub von Heckett in ihre Wohnungen, jede Nacht durch Fenster und Türritzen. Möbel, Fensterbänke, Tapeten und Böden sind von einem Staubfilm überzogen. Staubkrusten über dem Gemüse im Garten, auf den Dächern und Hausfassaden.

Im Sommer 1971 nahm die »Interessengemeinschaft gegen Luftverschmutzung« Staubmessungen in der Meinbergsiedlung vor. Das Ergebnis: Jeden Tag rieselten zwischen 2,5 und 6,3 Gramm Staub auf den Quadratmeter nieder. Der gerade noch zulässige Grenzwert war um das Drei- bis Siebenfache überschritten worden.

Auch Ewald A. wohnt nur wenige hundert Meter vom Schlackenmahlwerk Hecket entfernt: »Wenn die schwarzen und gelben Rauchwolken der Firma Heckett aufsteigen, verfinstert sich für uns die Sonne. Wenn wir uns in den Gärten aufhalten, zwingt uns der Staubregen dazu, die Wohnung aufzusuchen. Der Staub dringt durch kleinste Öffnungen an Fenstern oder Türen in die Wohnungen ein.« Anton R. aus der Bergarbeitersiedlung: »Nachts werden wir hier tonnenweise mit Dreck belästigt. Der Schmutz nimmt immer weiter zu. Ich habe das Gewerbeaufsichtsamt schon mehrere Mele angerufen. Aber wenn die Leute dann mal hier waren, haben sie uns schnell wieder vergessen. Es wäre an der Zeit, daß ein Herr Wolf vom Gewerbeaufsichtsamt durch einen energischen Beamten ersetzt wird.« Auch andere Anwohner der Meinbergsiedlung kritisieren die Dortmunder Gewerbeaufsicht. Wilhelm G.: »Bei einer Rücksprache mit Herrn Wolf habe ich gesagt, daß die Beseitigung des Schmutzes in der Luft nur eine Wasserfrage ist. Herr Wolf gab mir dann zu bedenken, ob das Werk diese finanzielle Belastung (Wasserberieselung) noch verkraften könne. Ist Herr Wolf für die Überwachung denn noch tragbar?« Diplom-Ingenieur Wolf vom Gewerbeaufsichtsamt sieht die Situation anders: »Es wurden im Zusammenhang mit der Staubbelästigung in Dortmund-Schüren seit 1968 verschiedene Maßnahmen zur Verbesserung eingeleitet, die auch durchgeführt worden sind. Weitere Maßnahmen sind technisch nicht möglich, so daß lediglich noch eine Sanierung des Gebietes in Frage kommt.«

Über die medizinische Seite der Luftverschmutzung in Schüren gibt der Dortmunder Hals-, Nasen- und Ohrenarzt, Professor Dr. Tobeck, Auskunft: »Es kann der Bevölkerung nicht zugemutet werden, sich mit dem derzeitigen Zustand abzufinden, zumal die Einwirkung der hochgradigen Luftverschmutzung auf die Atemwege überaus schädlich ist. Akute und chronische Erkrankungen der oberen Luftwege können die Folge sein. Diese unhaltbaren Zustände müssen aus ärztlichen und hygienischen Gründen sofort beseitigt werden.«

Die Endlösung für Schüren heißt nun Sanierung, Abbruch von 124 Häusern. Dieser Vorschlag liegt dem Dortmunder Stadtrat vor. Alle Kosten, die mit der Sanierung zusammenhängen, sollen sich auf über 18 Millionen Mark belaufen. Die Finanzierung aber ist unklar geblieben. Schüren erstickt vorerst weiter im Dreck der Heckett-Staubschleuder.

Das Verhältnis der Industrie zum Umweltschutz dokumentierte der Hauptgeschäftsführer der Dortmunder Industrie- und Handelskammer, Dr. Helmut Keunecke: Bei den Fragen der Luftreinhaltung werde manches übertrieben. Man müsse erkennen, daß sich »industrieller Fortschritt nicht in einer Welt paradiesischer Reinheit vollziehen« könne. Es sei »selbstmörderisch«, wenn die Forderungen weiter übertrieben würden und in »Umwelthysterie« mündeten. Wer Wohlstand wolle, dürfe der Industrie nicht mehr Lasten aufbürden, als sie im immer schärfer werdenden internationalen Wettbewerb verkraften könne.

Das Dortmunder Gewerbeaufsichtsamt ist mit 55 Mitarbeitern zuständig auch für Bochum, Castrop-Rauxel, Witten, Wattenscheid, Herne, Wanne-Eickel und Lünen: In diesem Raum existieren 35 000 Betriebe verschiedener Größenordnung. Amtsleiter Dr.-Ing. Pütz ist für den Kampf gegen die Luftverpester auch in anderer Hinsicht schwach gerüstet. Die Ordnungsstrafen gegen Unternehmer sind zu gering. Wo zum Beispiel nur 500-Mark-Strafen drohen, lassen es die Betriebe ohne weiteres auf zehn oder zwölf Bußgelder ankommen. Erst Geldstrafen bis zu 100 000 Mark und Gefängnis wären, so Dr. Pütz, als wirksameres Gegenmittel anzusehen. Immerhin hat das Gewerbeaufsichtsamt im November 1971 mit einem Streifendienst gegen Luftverschmutzer begonnen. Berücksichtigt man den Personalbestand des Amtes und die Zahl der Unternehmen, wird schnell deutlich, wie gering die Effektivität dieser Fahndung sein muß. Vereinzelte Täter bleiben gelegentlich auf der Strecke. Zum Beispiel jener Betrieb im Dortmunder Norden, der während der Nacht prompt sämtliche Filteranlagen abstellte und den Ruß in die Luft jagte. Das aber ist weder in Dortmund noch anderswo ein Einzelfall.

Gelsenkirchen

In der Gelsenkirchener Luft, so zeigte eine Untersuchung des Düsseldorfer Mediziners Professor Schlipköter, wird die körperliche Entwicklung zehn- bis zwölfjähriger Kinder deutlich gehemmt.

Verglichen mit gleichaltrigen Schülern aus dem Hunsrück, der Stadt Freiburg und der Insel Sylt verzögern sich Knochenreifung und Körperwuchs. Gegenüber dem Kalenderalter der Gelsenkirchener Kinder blieb ihr Knochenalter um acht bis beinahe zehn Monate zurück.

Immerhin ist den rund 350 000 Einwohnern Gelsenkirchens eine weitere Verschmutzung ihrer Atemluft erspart geblieben. Im Stadtteil Feldmark wollte die Deutsche Libbey-Owens-Gesellschaft (DELOG) für 150 Millionen Mark ein Floatglaswerk errichten. Die Fundamente der Betriebsanlagen ragten schon aus dem Boden, ein Schornstein war bereits teilweise fertig. Auf dem 630 000 Quadratmeter großen Firmenareal (das aber noch auf eine Million qm erweitert werden sollte) sollten angeblich über 5000 Menschen beschäftigt werden. Eine Tagesleistung von 600 Tonnen Floatglas war in Aussicht gestellt. – Dann jedoch klagten fünf Bürger vor Gericht gegen die Industrieansiedlung. Die Fünfte Kammer des Verwaltungsgerichtes Gelsenkirchen entschied im Juni 1971: Das DELOG-Werk wird nicht gebaut. Jedenfalls nicht im Wohngebiet und Grüngürtel von Gelsenkirchen-Feldmark. Die Planungen wurden von den Richtern als »Mißgriff der Behörden« bezeichnet.

Das Verwaltungsgericht hatte noch milde formuliert. Das Glaswerk hätte nämlich pro Tag über zwölf Tonnen Schwefeloxyde, 245 Kilogramm Staub und rund 16 Kilogramm Fluor in die Luft gepumpt. In der Endstufe des Betriebsausbaus hätten sich diese Werte verdreifacht. Schädigungen der Umgebung schienen sicher: Von Norden, Osten und Süden hätte dicht bebautes Wohngebiet die Glasfabrik umgeben. Unter anderem wäre ein Altersheim mit 160 Bewohnern von den Industriedämpfen betroffen gewesen. Ein ebenso grober Planungsfehler: Nur 300 Meter von der DELOG-Anlage entfernt hätte der Gelsenkirchener Freizeitpark (35 Hektar groß) gelegen.

Nach dem Urteil des Verwaltungsgerichtes verstiegen sich führende Kommunalpolitiker in Gelsenkirchen zu der beispiellosen Forderung: Die »öffentlichen Bedürfnisse« der Stadt müßten Vorrang haben vor den Interessen der klagenden Bürger. Das »öffentliche Bedürfnis« waren sechs Millionen Mark Steuern, die der Stadt so jedes Jahr durch den geplatzten DELOG-Coup verlorengehen. Verschreckte Rathauspolitiker und DELOG-Manager entwarfen

düstere Zukunftsbilder. Das gelang um so leichter, da das Glasunternehmen bereits Betriebe in Gelsenkirchen unterhält, deren Lohnauszahlungen sich 1970 auf rund 85 Millionen Mark beliefen. Schon munkelte man von einem generellen Rückzug der Glasfirma aus Gelsenkirchen. In einer Mahnung der DELOG hieß es, die Stadt solle eine Entwicklung abwenden, die Gelsenkirchen »nur Nachteile bringen würde«. Die Angst um die Arbeitsplätze steigerte sich zur Hysterie. Ein Demonstrationszug von über 2000 Menschen formierte sich – oder wurde formiert? Gegen das Urteil flammte lautstarker Protest auf. Auf einem Transparent der DELOG-Hilfstruppe war die wahnwitzige Frage zu lesen: »Sind wir eine Industriestadt oder ein Luftkurort?«
Bei der Abschätzung der Arbeitskräftebedarfs hatte man ohnehin mit allzu großen Zahlen jongliert. Vorerst hätte man nur 500 Mann Personal in der automatisierten Glasfabrik benötigt, später vielleicht einmal bis zu 1500 Arbeiter. Die DELOG beschwor Horrorvisionen herauf: Der neue Verlust von Arbeitskräften könne die Fortsetzung der Abwanderungsbewegung bewirken, die Gelsenkirchen in den sechziger Jahren 40 000 Einwohner gekostet habe. Mit ergreifender Melancholie wandten sich die Glasmacher an die Bürger der Stadt: »Wir haben hier fast 50 Jahre gemeinsam Freud und Leid ertragen, so daß das Gefühl der Zusammengehörigkeit auch in Zukunft ungestört erhalten bleiben sollte.«
Das jüngste Leid der DELOG: 22 Millionen Mark wurden schon in das Glaswerk in Feldmark investiert, ehe das Gericht den Baustop aussprach.

Gladbeck

In den ersten Oktobertagen 1971 werden in Gladbeck sieben Kinder mit der Diagnose »Blinddarmreizung« ins Krankenhaus eingeliefert. Sie hatten über Magen- und Darmstörungen geklagt und litten außerdem unter Schleimhautreizungen. Die Jungen und Mädchen werden eine Woche im Krankenhaus beobachtet und dann ohne genaueren Befund entlassen. Der Arzt rät lediglich, eine bestimmte Diät einzuhalten. Zur gleichen Zeit häufen sich in Gladbeck-Rentford Erkrankungen des Rachen- und Atemtraktes, der

Nebenhöhlen und der Bindehäute (verbunden mit starken Augenschmerzen). Kopfschmerzen und Benommenheit waren hier ohnehin an der Tagesordnung. Zuvor schon, Mitte bis Ende September, bemerkten die Lehrer in den Rentforder Schulen einen starken Leistungsabfall in ihren Klassen. In einigen Fällen kommt es bei Schülern zu Kreislaufstörungen, die einen Schulbesuch unmöglich machen. Die Frauen in diesem Stadtteil klagen über Hals- und Kehlkopfschmerzen, Kreislaufstörungen, Veränderungen des Blutbildes und über eine zunehmende Neigung zu Nervenentzündungen. Besucher, die sich nur kurz in Gladbeck aufhalten, erkranken an fiebriger Bronchitis. Gladbeck – mehr als 80 000 Einwohner, gelegen im nördlichen Ruhrgebiet – hat trotz seiner Nähe zum Münsterland eine Atemluft, die mit tückischen Chemiedünsten angereichert ist.

Über Gladbeck mischen sich die Abgaswolken der Firma Phenolchemie, der VEBA-Chemie, der VEBA-Kraftwerke Ruhr und die Rauchfahnen einiger Kunststoffbetriebe. So enthält die Luft unter anderem Stickstoffdioxyd, Schwefeldioxyd und gefährliche Kohlenwasserstoffverbindungen, darunter vor allem Cumol. Gladbeck hat im Jahr mindestens 50 Tage ohne Luftaustausch in der Atmosphäre. Eine Nebel- oder Dunstschicht umklammert dann die Stadt. Kinder und Kleinkinder, die unter den Gladbecker Industriegasen an Schnupfen oder Bronchitis leiden, erholen sich am schnellsten bei einem Ortswechsel. Alle Atemwegserkrankungen klingen in kurzer Zeit ab. Nach der Rückkehr haben die Kinder oft innerhalb von zwölf Stunden wieder ihren Gladbecker Stadt-Schnupfen.

Trinkwasser aus der Kloake

Innerhalb von zwei Jahrzehnten haben sich die deutschen Flüsse in Abwasserkanäle verwandelt. Ihre Schmutzfluten transportieren die Giftchemikalien der Industrie und die Fäkalien der Städte. Es entstanden faulige, nahezu sauerstofflose Kloaken, angefüllt mit Säuren, Salzen, Schwermetallen, Öl und häuslichen Abfällen. Für das Leben in den Flüssen bedeutet diese Verseuchung tagtäglicher Massenmord. Die Fische werden vergiftet oder ersticken. Nicht nur im Rhein, wo im Frühsommer 1969 schätzungsweise 4000 Tonnen Fischkadaver stromabwärts trieben. Fischsterben wüteten ebenso im Main, in der Sieg, der Leine, im Neckar, aber auch in der oberpfälzischen Naab, in den Nebenflüssen der Saar, in den Bächen des Odenwalds und des Sauerlandes. In zwei Flüssen Nordrhein-Westfalens ist das tierische Leben längst ausgelöscht: Wupper und Emscher wälzen sich als konzentrierte Giftlösung dem Rhein entgegen. Konkurrenzlos beherrschen Millionen von Ratten die Ufer dieser Abfallkanäle.

Verschmutzt sind auch Seen und Talsperren. Waschmittelbestandteile aus häuslichen Abwässern, Pflanzenschutzmittel und Kunstdünger-Chemikalien aus der Landwirtschaft, die in die Bäche geschwemmt werden, gefährden diese Gewässer. Schadstoffe sickern selbst bis ins Grundwasser vor. Experten schätzen, daß die Bundesrepublik jährlich etwa fünf Prozent ihres Grundwassers durch Ölverschmutzung verliert. Ein Liter Öl verdirbt eine Million Liter Grundwasser. Der Geschmack wird beeinträchtigt und macht es für die Trinkwasserverwendung weitgehend unbrauchbar. Auch aus anderen Gründen wird gutes Trinkwasser in Westdeutschland knapp. Seine Qualität leidet durch versalztes Flußwasser, Waschmittel- und Düngerreste, Industrieabfälle und organischen Schmutz. Nüchtern stellt das Bundesinnenministerium in einem Bericht fest: »Der Wasserhaushalt ist gestört. Die Selbstreinigungskraft vieler Gewässer ist seit langem überfordert. Dadurch verringert sich der Standortwechsel vieler Gebiete, aber auch der Erholungswert der Landschaft. Hier und dort beginnt der Mangel an sauberem Wasser die volkswirtschaftliche Entwicklung zu hemmen.«

Der biologische Mechanismus der Selbstreinigung versagt in den deutschen Flußläufen auf weiten Strecken. Er beruht auf der natürlichen Lebensgemeinschaft im Fluß, für die sich die chemisch-physikalischen Bedingungen rapide verschlechtern. Um den Schmutz abbauen zu können, benötigen die Kleinstlebewesen im Flußwasser Sauerstoff. Eines Tages aber sind die Bakterien dem Überangebot an Schmutzstoffen nicht mehr gewachsen. Die Abfallsubstanzen beginnen zu faulen und verbrauchen damit Sauerstoff. Der Entzug dieses Gases bringt das Lebensgefüge des Flusses in Gefahr: Mikroben sterben ab, Fische ersticken. Ein Liter reinen Flußwassers enthält rund zehn Milligramm Sauerstoff; im Rhein unterhalb von Mainz beträgt der Sauerstoffgehalt etwa zwei Milligramm je Liter Wasser, oft auch darunter.

Die Menge der häuslichen Abwässer hat sich in 20 Jahren verdoppelt, die der industriellen und gewerblichen Abwässer in nur zehn Jahren. 1969 fielen in der Bundesrepublik täglich 8,4 Millionen Kubikmeter häusliche Abwässer und 35,6 Millionen Kubikmeter Industrieabwässer an. An der Gesamtverschmutzung des Rheins ist die Industrie mit rund 83 Prozent beteiligt; 50 Prozent der organischen Abwässer stammen aus den Haushalten. Elf Prozent der Wasserführung der deutschen Flüsse besteht aus Abwasser, beim Rhein dürften es bis zu 20 Prozent sein.

Von den rund 30 Millionen Bundesbürgern im Einzugsgebiet des Rheins sind 7,6 Millionen an biologische Kläranlagen und 11,5 Millionen an mechanische Kläranlagen angeschlossen. Völlig ungereinigt ergießen sich die Abwässer der restlichen elf Millionen Menschen in Flüsse, Seen oder Grundwasser. Die mechanische Klärung arbeitet mit Sieben, Filtern, Zentrifugen und mit Behältern, in denen sich die Feststoffe im Wasser absetzen können. Anders das biologische Klärsystem: Hier zersetzen Bakterien den Schmutz des Abwassers. Die Mikroorganismen nehmen die organischen Stoffe als Nahrung auf und verwerten sie bei ausreichender Sauerstoffzufuhr sowohl zur Energieerzeugung als auch zum Aufbau neuer Zellsubstanzen. Dazu werden die Abwässer mit mikrobenhaltigem Belebtschlamm vermischt.

Nach den Angaben der »Abwassertechnischen Vereinigung« (ihr gehören führende Wasser-Experten der BRD an) ergibt sich folgendes Bild:

Von den rund 24 000 Gemeinden der Bundesrepublik sind über 10 000 voll- bzw. teilkanalisiert. Angeschlossen daran: über 48,1 Millionen Einwohner. Etwa 13 600 Gemeinden verfügen noch nicht über eine Kanalisation. Insgesamt sind über 12,7 Millionen Bundesbürger nicht an ein Kanalnetz angeschlossen.
5140 Gemeinden haben eine Kläranlage. 5000 Gemeinden, die zwar Kanalisation haben, sind noch ohne Kläranlage.
In der gesamten Bundesrepublik waren 1969 rund 21,24 Millionen Einwohner an eine vollbiologische Abwasserreinigung angeschlossen, 5,62 Millionen an teilbiologische Kläranlagen und 12,46 Millionen an mechanische Reinigung. Also hatten nur rund 40 Prozent der Bevölkerung eine ausreichende Abwasserklärung, da die mechanische Stufe von den Fachleuten als unbefriedigend angesehen wird.
Über die Beurteilung der Wasserverschmutzung durch Industrieunternehmen scheint sich selbst das Bundesinnenministerium nicht einig zu sein. Im »Umweltprogramm der Bundesregierung« schreibt Genschers Ministerium: »In vielen Betrieben wird das Abwasser nicht oder noch nicht ausreichend gereinigt. Viele neue Kläranlagen müssen gebaut, bereits bestehende in ihrer Kapazität und Wirkungsweise verbessert werden. Die statistischen Angaben über Art und Umfang der Behandlung des Industrieabwassers sind unzulänglich. Bei der Reinigung industrieller Abwässer werden einzelne Schadstoffe, wie zum Beispiel Schwermetallverbindungen, nicht abgebaut. Außer den herkömmlichen Kläranlagen müssen, besonders zum Abbau toxischer Stoffe, weitergehende – z. B. auch physikalisch-chemische – Reinigungsanlagen gebaut werden.«
Ausgerechnet die gefährlichsten Fluß- und Meer-Verschmutzer nahm Staatssekretär Dr. Günter Hartkopf, nach Genscher oberster Umweltstratege, in einem Zeitungsinterview pauschal in Schutz: »Die chemischen Fabriken tun schon sehr viel. Ihre Vorsorge ist auf diesem Gebiet besser als ihr Ruf.«
In einem Punkt hat das Innenministerium auf jeden Fall recht: präzise Angaben über die Art der Reinigungssysteme und über den Umfang ungereinigter Abwässer fehlen. Zwar haben Chemiekonzerne wie Bayer oder BASF in den letzten Jahren neue Kläranlagen in Betrieb genommen, als Baukosten wurden imponierende Summen genannt: Bayer Leverkusen und BASF Ludwigshafen je

etwa 200 Millionen Mark, Bayer Dormagen rund 34 Millionen Mark. Geschickt inszenierte Shows bei der Einweihung der Klärwerke lassen auch die örtliche Presse in Umwelt-Euphorie verfallen. So stimmte die »Neue Rhein Zeitung« in den Millionen-Taumel der Bayer-Sprecher mit der Verheißung ein: »Jetzt müßte der Rhein sauber werden.« Nur allzu häufig wird vergessen, daß die Anlagen erst teilweise funktionsfähig sind, ihr Ausbau zieht sich (wie z. B. bei der BASF) bis 1975 hin. Ohne Antwort bleibt aber eine viel wichtigere Frage: Wie groß ist der Anteil der Schadstoffe, die so giftig sind, daß sie selbst in den neusten Kläranlagen nicht abgebaut oder unschädlich gemacht werden können? Viele Substanzen würden nämlich die Mikrolebewesen, die in neuen Kläranlagen für den Schmutzabbau sorgen, augenblicklich vernichten. So fließen hochgiftige Stoffe nach wie vor in die Flüsse oder werden in der Nordsee verquirlt.

Die Praktiken der Industrie werden deutlich durch eine Aussage von Ministerialrat Dr. Otto-Karl Trahms vom nordrhein-westfälischen Landwirtschaftsministerium: »Gern wird eine höhere Wasserführung zum Anlaß genommen, um unbemerkt sehr große Mengen giftiger Stoffe abzustoßen. Die Feststellung des Verursachers ist in derartigen Fällen fast immer unmöglich.« Die SPD-Abgeordneten Professor Lauber und Sinnecker sprachen in einer Anfrage an die NRW-Landesregierung den Verdacht aus, daß vor allem während der Nacht gefährliche Fremdstoffe aus den Betrieben in die Flüsse gelangen. Die Geruchsbelästigung für die Anwohner des Rheins und seiner Nebenflüsse steigere sich besonders nachts und sei nicht mehr zumutbar.

Zum Beispiel verseucht die chemische Industrie die Flüsse unter anderem mit Schwefel- und Ammoniakverbindungen, mit Säuren, Salzen und Schwermetallen. Hüttenwerke und andere metallverarbeitende Betriebe lassen Gichtschlamm, Öle, Fette, Zyanverbindungen, Metallsalze und Ammoniak in die Flüsse sprudeln. Die Kokerei-Abwässer enthalten große Phenol-Mengen (sechs Milligramm Phenol je Liter Wasser sind für Fische tödlich). Die Keramik-, Farben-, Kunststoff- und Düngemittel-Industrie reichern die Flüsse mit dem hochgefährlichen Cadmium an, das beim Menschen die roten Blutkörperchen zerstört, das Nervensystem lähmt und den Blutdruck erhöht. Mit den Abwässern aus den Haushalten gelangen beträchtliche Mengen Harn in die Flüsse; Harn enthält unter anderem Chlor und Phenole. Phosphate, die aus dem Kunstdünger der Felder in die Bäche einsickern, begünstigen Algen-Wucherungen.

In den Flüssen der Bundesrepublik erhöhen sich die Konzentrationen an krebserzeugenden Metallen – wie z. B. Arsen, Beryllium, Chrom und Nickel. Aber auch die als krebserregend verdächtigen Metalle nehmen laut Professor Joachim Borneff vom Hygiene-Institut der Mainzer Universität im Flußwasser weiter zu. Hierzu zählen unter anderem Blei, Cadmium, Kobalt, Mangan, Kupfer, Quecksilber, Selen, Silizium, Thorium, Titanium, Zink und Zinn. An sich unwirksame Mengen von Krebserregern führen anscheinend bei gleichzeitiger Einwirkung von Phenolen doch zum Krebs. Nach Ansicht von Professor Borneff drängt sich der Verdacht auf, daß das aus den Wasserleitungsrohren herausgelöste Zink zur Entstehung von Magenkrebs beiträgt. Detergentien, die Wirkstoffe in Waschmitteln, werden auf den Flüssen als Schaumberge sichtbar, die nicht abbaubar sind. Mit den Detergentien gelangen jedoch auch erhebliche Mengen Arsen in die Gewässer (auf eine Million Teile Waschmittelsubstanz kommen 10 bis 70 Teile Arsen). Die Langzeitwirkungen von Arsen können unter Umständen erst nach sechs Jahren spürbar werden.

Soviel ist jedenfalls bekannt: Auch geringste Dosen führen zu einer Arsenspeicherung in der Leber, Arsen muß auch für Hauterkrankungen verantwortlich gemacht werden. Durch die Behandlung des Wassers in Kläranlagen läßt sich Arsen nicht entfernen. Auf die Gefahren, die die Metalle im Flußwasser für die Kläranlagen mit sich bringen, weist die Dokumentation »Umwelt 2000« des Frankfurter Naturmuseums und Forschungsinstituts Senckenberg hin. Die Prozesse der biologischen Abwasserreinigung werden schon durch einen Gehalt von weniger als ein Prozent Kupfer, Nickel, Chrom oder Zink unterbunden.

Detailliert beschreibt Dr. Wolfgang Tobias vom Senckenberg-Institut die Wirkung des Umweltgiftes Quecksilber: »Quecksilber kann durch Industrieabwässer aus Papier-, Chlorkali- und Elektrofabriken, durch mißbräuchliche Benutzung von Pflanzenschutzpräparaten und unsachgemäße Müllbeseitigung direkt oder indirekt in Seen und Flüsse gelangen. Durch Oberflächenbindung reichert es sich im Gewässergrund und bei Wasserpflanzen an, der Rest bleibt im Wasser gelöst. Wassertiere aller Art nehmen Quecksilber durch die gesamte Körperoberfläche und mit der Nahrung auf. In Eiern von Wassertieren wird Quecksilber im Eidotter angereichert. Auch in Schalentieren wie Muscheln und Schnecken finden sich große Quecksilbermengen. Fische aus quecksilberverseuchten Gewässern enthalten hohe Giftkonzentrationen in Leber und Nieren, geringere in Herzmuskel, Milz, Kiemen, Gehirn, Muskeln und Knochen.« Zu den Gefahren für den Menschen erklärt Dr. Tobias: »Organische Quecksilberverbindungen (Methylquecksilber) schädigen insbesondere das zentrale Nervensystem. Wichtige Zentren des Gehirns werden ausgeschaltet. Die Folgen sind unheilbare Seh- und Gehörstörungen, Lähmungen von Zunge und Gliedmaßen, Bewegungsschwierigkeiten und Verblödung.« – Methylquecksilber wird in der Landwirtschaft zum Beispiel als Beizmittel für die Getreide- und Rübensaat verwendet, um Schäden durch Pilzbefall zu vermeiden. In der Bundesrepublik gibt es zur Zeit rund 50 quecksilberhaltige Pflanzenschutzmittel, die gegen Pilzkrankheiten auf den Feldern eingesetzt werden (Wildvögel weisen bereits Methylquecksilber-Konzentrationen von bis zu 270 Milligramm je Kilogramm Körpergewicht auf). Angesichts der mächtigen Agrar-Lobby mochten sich Bundesgesundheitsamt und Biologische Bundesanstalt noch nicht zu einem Verbot dieser Gifte entschließen. Möglicherweise soll es »nach 1972« ins Auge gefaßt werden. Schweden hat mit Wirkung vom 1. Februar 1966 die Verwendung von Methylquecksilber als Beizmittel verboten.

Aromatische Kohlenwasserstoffe, als Krebserreger im Luftschmutz bereits beschrieben, belasten aber auch das Wasser. Ungereinigte Abwässer schleusen sie in Flüsse und Seen; Auspuffgase und Industriestaub senken sich auf die Gewässer. Wenig beachtet werden auch die riesigen Mengen fäkalischer Abwässer aus der Tierhaltung, die früher zum Düngen verwendt wurden. In ländlichen Gebieten bewirken auch die Abwässer der Siloanlagen eine nicht zu unterschätzende Verschmutzung der Bäche und Flüsse. Die Schlachthöfe lassen Kadaver, Tierblut und andere Tierreste in die Flüsse ab. Auf ein völlig neues Problem der Wasserverunreinigung weist der Mainzer Hygieniker Professor Borneff hin: »Mit zunehmender medikamentöser Geburtenregelung ist ein Anstieg der synthetischen

Hormone im Abwasser zu erwarten. Noch ist die Konzentration sehr gering, es ist aber zu berücksichtigen, daß diese Substanzen zum Beispiel dem Abbau (in biologischen Kläranlagen) über eine Woche lang widerstehen. Wird also das Abwasser nicht oder nur mechanisch gereinigt, kommt es zwangsläufig zur Belastung des Fluß- und gegebenenfalls des Trinkwassers.«

Ein bedrohliches Ausmaß hat auch die bakteriologische Belastung der Flüsse angenommen. In der Schmutz- und Fäkalienflut lauern die Erreger von Typhus, Paratyphus, Kinderlähmung und Hepatitis (Leberentzündung). Viren scheinen jegliche Art von Abwasserreinigung lebend zu überstehen. Kolonien von Darmbakterien, aus den WCs herangespült, treiben im Rhein ebenso wie im Bodensee, Ammersee und Wannsee.

Als Indikator für die bakteriologische Verschmutzung dürfen diese Keimzahlen gelten (Keime je Milliliter Wasser):

Rhein-Herne-Kanal (Ruhrgebiet):	über 27 000
Rhein (zwischen Leverkusen und Düsseldorf):	über 16 000
Elbe (bei Hamburg):	3 900
Wannsee (Berlin):	2 300
Chiemsee:	1 900
Starnberger See:	600

(bei guter Wartung treten in einem Schwimmbad bis zu zwei Keime je Milliliter Wasser auf)

Einzelne Politiker hatten die Probleme der Fluß- und Seenverseuchung schon verhältnismäßig früh erkannt. So erklärte der frühere hessische Landwirtschaftminister Hacker im Mai 1963: »Die hessischen Wasserläufe sind Abwasserkanäle geworden. Der Grad der Verschmutzung ist unterschiedlich. Zehn Prozent der Gewässer sind vollkommen tot, 25 Prozent beeinträchtigt, 65 Prozent noch sauber. In Hessen sind in den letzten Jahren 200 Millionen Mark für Kanalisationsarbeiten mit Kläranlagen aufgebracht worden, darin sind 40 Millionen Mark als Beihilfen des Staates enthalten. Aber noch 800 Kläranlagen sind in Hessen zu bauen.« Trotz so klarer Erkenntnisse blieb auch 1970 die Abwassermisere bestehen. In jenem Jahr bekannte das Landwirtschaftsministerium in Wiesbaden: »So bestehen heute für 543 hessische Gemeinden Kläranlagen, durch die das Abwasser von 2,8 Millionen Einwohnern, das sind 52 Prozent der hessischen Bevölkerung, behandelt werden kann.« Nach Auskunft des Ministeriums waren in Hessen von 1960 bis 1970 immerhin zwei Milliarden Mark für den Ausbau von Abwasseranlagen investiert worden. Der tatsächlich erzielte Fortschritt war äußerst minimal. Da mochte sich auch das Ministerium nichts in die Tasche lügen: »Immerhin wurde erreicht, daß sich der Zustand der hessischen Gewässer trotz bedeutender Steigerung der eingeleiteten Abwassermengen nicht weiter verschlechtert hat.«

In Bayern wurden von 1946 bis 1969 nach Angaben des Staatsministeriums für Landesentwicklung und Umweltfragen von den Gemeinden (mit staatlicher Förderung) 2,5 Milliarden Mark für den Bau von Abwasseranlagen ausgegeben. Das mutet im Vergleich mit dem viel kleineren Hessen (zwei Mrd. DM in zehn Jahren) noch nicht sehr hoch an. Als sehr zurückhaltend bei Investitionen für den Gewässerschutz erwies sich Bayerns Wirtschaft. Die gesamte bayerische Industrie wendete von 1956 bis 1971 im Jahresdurchschnitt nur 8,6 Millionen Mark auf. Das Umweltministerium schätzt denn auch: »Voraussichtlich wird es 20 bis 25 Jahre dauern, bis in ganz Bayern die Gefahren für den Wasserhaushalt endgültig gebannt sind.« Und das, obwohl angeblich schon 60 Prozent der kommunalen Abwässer Bayerns geklärt werden. Aber selbst in München ist jedes dritte Gebäude noch nicht ans Kanalnetz angeschlossen.

1971 kam das Bundesinnenministerium zu dem Schluß: »Wegen ungenügender Reinigung der Abwässer hat sich trotz aller Anstrengungen der Gemeinden und der Industriebetriebe, ungeachtet auch der finanziellen Hilfe der Länder und des Bundes für den Bau von Abwasseranlagen, der Zustand der Gewässer nur hier und da, nicht aber insgesamt verbessert, teilweise so verschlechtert, daß manche Nutzungen heute nicht mehr oder nur mit unverhältnismäßigem Aufwand möglich sind.«

Westdeutsche Wasserforscher ermittelten in folgenden Flüssen eine »übermäßige Verschmutzung« (Wassergüteklasse IV): Weite Abschnitte des Mittel- und Niederrheins, Emscher, Wupper, Main ab Frankfurt und zwischen Aschaffenburg und Hanau, Donau bei Regensburg, Leine bei Hannover, streckenweise auch Saar, Neckar, Erft, Pegnitz und Lippe.

Der Wasserchemiker Professor Heinrich Sontheimer (Karlsruhe)

klagt: »Für die Lösung dieser lebenswichtigen Probleme liegen die Entscheidungen bei den Politikern, die zwar das Geld, aber keine Ahnung haben.«
Und Professor Karl Heinz Hunken vom Stuttgarter Institut für Siedlungswasserbau urteilt: »Eine Gewässerverschmutzung verursacht größeren volkswirtschaftlichen Schaden als ein Bankraub!«

Der Rhein und seine Nebenflüsse

Für Professor Dietrich Schmähl vom Deutschen Krebsforschungszentrum in Heidelberg stellt der Rhein eine »gesättigte Teerlösung« dar. Dr. Tobias vom Frankfurter Senckenberg-Institut sieht den Rhein als »gefahrbringende Abwasserrinne«. Der Mainzer Hygieniker Professor Borneff schätzt, daß im Mittel- und Niederrhein krebserregende Kohlenwasserstoffe tausendmal häufiger vorkommen als im Grundwasser. Der Chemiker Professor Sontheimer resümiert: »Schwermetalle vergiften zunehmend das biologische Leben im Fluß. Die Wasserwerke befürchten, den Wettlauf mit der Vergiftung zu verlieren.«
Noch beziehen immerhin 18 Millionen Menschen zwischen Basel und Rotterdam ihr Trinkwasser aus der größten Kloake Mitteleuropas. Allein in Nordrhein-Westfalen werden 3,5 Millionen Einwohner direkt oder indirekt durch Trinkwasser aus dem Rhein versorgt. 13 Millionen Kubikmeter Trinkwasser entnehmen die Städte Wiesbaden und Frankfurt jährlich dem Rhein beziehungsweise Main.
Jedes Jahr fließen mindestens zwölf Milliarden Kubikmeter Abwässer in den Rhein, davon stammen zehn Milliarden Kubikmeter aus den Industriebetrieben. Die Produktionsanlagen der großen Werke am Strom sind unersättlich: So braucht die Petrochemie zur Herstellung von einem Kubikmeter Benzin je nach Verfahrensart 50 bis 90 Kubikmeter Wasser. Bis zu 300 Kubikmeter Wasser sind für eine Tonne Stahl notwendig, etwa 3000 Kubikmeter für eine Tonne synthetischen Gummi, nur fünf Kubikmeter für eine Tonne Koks.
Ungeklärte oder unzulänglich gereinigte häusliche Abwässer strömen unter anderem aus den Großstädten Mainz, Koblenz, Bonn,

Köln, Düsseldorf, Krefeld und Duisburg in den Rhein. Die Flut der Fäkalien und Küchenwässer wird zum Teil nur durch einfachste Gittervorrichtungen »gereinigt«.

Nach Berechnungen der nordrhein-westfälischen Landesanstalt für Gewässerkunde und Gewässerschutz setzt sich die tägliche Schmutzfracht des Rheins bei Emmerich (nahe der niederländischen Grenze) wie folgt zusammen: 33 000 Tonnen Salze, 15 500 Tonnen Sulfate, 10 440 Tonnen Kalzium, 4380 Tonnen Magnesium, 4600 Tonnen Nitrate, 17 600 Tonnen Natrium, 380 Tonnen Eisen, 31 Tonnen Mangan, 52 Tonnen Nitrit, 52 Tonnen Zink und 13,8 Tonnen Blei. Wie schnell besonders die Salzbelastung des Rheins gestiegen ist, macht die Vergleichszahl aus dem Jahre 1960 deutlich. Damals trieben bei Emmerich täglich 20 000 Tonnen Salz stromabwärts, 13 000 Tonnen weniger als der Tagesdurchschnitt 1970. Auf der Strecke zwischen Konstanz und Emmerich, so fanden Wasserforscher heraus, steigert sich die Salzmenge im Fluß um das 66fache. Die Schuldigen an der Rheinversalzung sind in den Statistiken der »Arbeitsgemeinschaft der Länder zur Reinhaltung des Rheins« leicht auszumachen. Danach stammt die Salzfracht des Stroms zu 41 Prozent aus dem Kalibergbau im französischen Elsass, zu 13 Prozent aus der Industrie an Saar und Mosel, zu 17 Prozent aus dem deutschen Bergbau, zu 26 Prozent aus der übrigen Industrie (z. B. aus Sodawerken) und zu ungefähr drei Prozent aus häuslichen Abwässern. Jährlich muß der Rhein aber auch 12 000 Tonnen Öl und 110 Tonnen Quecksilber verkraften. Die Industrie zwingt Dreck hinein und Sauerstoff heraus: In den letzten zehn Jahren hat sich der Sauerstoffgehalt des Flusses mindestens um ein Drittel verringert. Wollte man die gesamte Schmutz- und Giftmenge, die der Rhein bei Emmerich mit sich führt, per Bahn abtransportieren, so wäre jeden Tag ein 30 Kilometer langer Güterzug zu füllen. 24 Millionen Tonnen Giftstoffe schwappen jährlich in den grauen Strom. Diese Menge entspricht etwa der Jahrestonnage aller Schiffe, die die deutsch-holländische Grenze passieren.

Schwärmte das nordrhein-westfälische Landwirtschaftsministerium noch 1968 von der »bedeutungsvollen Rolle« des Rheins im »Verlauf der Geschichte«, als »Völkerscharen aus aller Herren Länder an seinen Ufern marschierten« und »Treidelknechte und Treidelpferde die Schiffe bergwärts zogen«, als »Heerlager und Burgen«

am Fluß errichtet wurden, so bleiben wehmütige Rückblicke dieser Art heute nur Touristen oder dem japanischen Kaiser vorbehalten. Professor Borneff registriert eine »ganze Kette von Verfehlungen«, die einen bedrohlichen Zustand herbeiführte«.
Die Dauerverschmutzung hat dem Strom schwere chronische Schäden zugefügt. So ist das Flußbett des Rheins auf weiten Strecken mit einer dicken Ölschlammschicht überzogen, die auch vom Hochwasser nicht fortgerissen wird. Gips- und Kalkablagerungen verfestigen zusammen mit Eisenschlamm das Flußbett und bilden am trüben Grund des Rheins eine betonähnliche Sperrschicht. Dadurch läßt der Wasserzustrom zu den Brunnen nach, die Uferfiltrat als Trinkwasser verwerten. Weiterhin rufen Eisen- und Manganreste Störungen beim Betrieb der Wassergewinnungsanlagen hervor. Viele der im Flußwasser enthaltenen Schadstoffe können – so Professor Borneff – »in das daraus hergestellte Trinkwasser übertreten und den Menschen gefährden«. Aber auch andere Folgeerscheinungen der Rheinverseuchung sollten festgehalten werden. So kann immer weniger Wasser aus dem Fluß für die Bewässerung in der Landwirtschaft verwendet werden. Versalztes Wasser, so der Biologe Dr. Otto Klee, ist für die Felderbewässerung »völlig untauglich«. Es schädigt die Pflanzen schon bei geringsten Salzkonzentrationen. Außerdem würden Nährstoffe aus dem Boden geschwemmt. Die Vergiftung des Flusses hat die Berufsfischer bereits ruiniert. Sie brauchen keine Netze mehr auszuwerfen, ihre Aalschokker verrotten am Ufer. Von den 75 Berufsfischern des Jahres 1950 waren 1970 noch neun übriggeblieben. Ihre Fänge sind ohne jede Qualität. Wochen- bis monatelang muß der chemisch durchseuchte Fisch in fließendem sauberem Wasser gehalten werden, ehe er für den Verzehr geeignet ist.
Die am stärksten verschmutzten Rheinstrecken sind die Abschnitte von Ludwigshafen bis Bingen und von Leverkusen bis etwa Emmerich. Das heißt: Der Rhein beginnt dort am dreckigsten zu werden, wo sich einerseits die Chemiegiganten BASF und Bayer angesiedelt haben und wo andererseits die Schmutzmassen des Neckars und der Wupper einmünden. Der Sauerstoffgehalt des Niederrheins bei Emmerich macht nur noch knapp ein Viertel der Konzentration aus, die bei Kembs am Oberrhein gemessen wird.
Die folgende Übersicht zeigt, wie groß die Abwassermengen wich-

tiger Industriebetriebe sind, die in den Rhein oder dessen Nebenflüsse eingeleitet werden.
Bei der Badischen Anilin- und Sodafabrik (BASF) entsprechen die Abwässer in ihrer Menge denjenigen von zwei Millionen Menschen (die Wasserforscher haben dafür die Bezeichnung »Einwohnergleichwert« [EG] eingeführt).

Zellstoff Waldhof, Mannheim	= 800 000 EG
Erdölraffinerie Mannheim	= 250 000 EG
Esso-Raffinerie Karlsruhe	= 400 000 EG
Merck AG Darmstadt (über den Darmbach)	= 340 000 EG
Zuckerfabrik Ochsenfurt (Main)	= 1 400 000 EG
Naphtol-Chemie Offenbach der Farbwerke Hoechst AG (Main)	= 300 000 EG
Farbwerke Hoechst / Werk Griesheim (Main)	= 250 000 EG
Farbwerke Hoechst / Hauptwerk Hoechst (Main)	= 1 500 000 EG
Zellstoff Waldhof, Wiesbaden	= 600 000 EG
Knapsack AG Hürth	= 150 000 EG
Bayer Leverkusen	= 1 440 000 EG
Erdölchemie und Bayer Dormagen	= 900 000 EG
Bayer Krefeld-Uerdingen	= 400 000 EG
Röchlingsche Eisenwerke, Völklingen (Saar)	= 150 000 EG

Über den rund 220 Kilometer langen Rheinabschnitt, der nordrhein-westfälisches Gebiet durchfließt, hat die dortige Landesanstalt für Gewässerkunde eingehende Untersuchungen angestellt. In einer über 90 Seiten starken Studie, angefüllt mit biologischen und chemischen Analysen, hat ein Wissenschaftler-Team der Landesanstalt die Schwerpunkte der Rheinverschmutzung geortet und nach ihrer Gefährlichkeit aufgeschlüsselt. Daraus einige Beispiele, die das Ausmaß der industriellen Verunreinigungen erkennen lassen.
Der niedrigste Sauerstoffgehalt des Flusses findet sich bei Leverkusen und im Raum Duisburg/Rheinhausen.
Der Sauerstoffverbrauch ist am höchsten bei Leverkusen, Homberg und unterhalb der Emschermnüdung.
Die höchsten Phenolkonzentrationen wurden unterhalb der Emschermündung, bei Rheinhausen/Uerdingen/Homberg, Dormagen und Leverkusen gemessen. Der Gehalt an Detergentien ist bei Leverkusen am größten: Über 0,7 Milligramm je Liter Wasser und damit rund dreimal so hoch als in den übrigen Flußabschnitten.

Bei Leverkusen erhält der Rhein endgültig den chemischen Todesstoß. Hier sind stark erhöhte Konzentrationen an Calzium, Kalium, Eisen, Ammonium und Phosphat anzutreffen. Die Forscher der Landesanstalt konkretisieren: »Unmittelbar unterhalb der Bayer-Werke treibt rosabrauner Schaum auf dem unangenehm aromatisch riechenden Wasser.« Auch andere Umstände signalisieren das Sterben eines Gewässers. In Stichworten: Armut an Kleinstlebewesen; kaum noch Planktonvorkommen; starke Verbreitung der Abwasserpilze; Ölverschmutzung; toxische Beeinträchtigung. Unterhalb der Wuppermündung ist so gut wie alles Leben im Rhein ausgelöscht. Nur zwei Arten von Makroorganismen können hier noch existieren.

Eine ähnliche Situation zeigt sich im Rheinabschnitt bei Homburg (zwischen Krefeld und Duisburg). Extreme Chlorid-, Sulfat- und Ammoniumgehalte, geringer Sauerstoffwert und andere Faktoren führen zur völligen Vernichtung aller mikroskopischen Lebewesen.

Zusammenfassend wird in der Studie bemerkt:

»Die Befunde der Rheinuntersuchung lassen eine Gliederung des nordrhein-westfälischen Rheinabschnittes in drei Bereiche erkennen. Der erste Abschnitt erstreckt sich von der südlichen Landesgrenze (Bad Godesberg) bis unterhalb Köln. Für ihn gilt, daß die Selbstreinigungskraft des Stromes noch weitgehend intakt ist. Auf Schmutzwassereinleitungen folgt eine erhöhte Bakterienaktivität. Die Lebensgemeinschaft ist umfangreich und für die derzeitigen Verhältnisse des Rheins ausgewogen.«

»Der zweite Abschnitt beginnt unterhalb von Köln und erstreckt sich bis in das Gebiet von Wesel. In diesem Bereich sind die Selbstreinigungsvorgänge durch Vergiftungen weitgehend zerstört. Die Abwässer der hier ansässigen Industrie und in geringerem Umfang auch der Städte und Gemeinden sowie einige erheblich verschmutzte Zuläufe (Wupper, Itter, Emscher) lassen die Fracht an Wasserinhaltsstoffen deutlich ansteigen. Die Vergiftungserscheinungen führen zu einer Reduktion der Lebensgemeinschaft. Teilweise fällt der Bestand an Fischnährtieren vollständig aus; so bei Monheim, Dormagen, Rheinhausen, Homburg und rechtsrheinisch im Bereich der Emschermündung.«

»Oberhalb von Wesel beginnt mit der Einmündung des Rheinberger Altrheins der dritte Abschnitt. Sein Charakteristikum ist eine erhöhte Mineralstofffracht, die bis zur Bundesgrenze verfolgt werden kann. Stark kochsalzhaltige Zechenabwässer gelangen über den Rheinberger Altrhein und durch die Lippe in den Rhein. Die Vergiftungserscheinungen klingen in diesem Abschnitt etwas ab, jedoch sind sie noch keineswegs überwunden.«

Beinahe jeder Fluß, der in den Rhein einmündet, versetzt dem Wasser des Stroms einen chemischen Schock. Der sauerstoffarme Neckar wird durch Kraftwerke aufgeheizt, durch Zellstoff-, Zucker- und Chemiefabriken verschmutzt. Am Deutschen Eck in Koblenz beschert der Moselzufluß dem Rhein Kohlenschlamm, Salze und Phenole aus Lothringen und dem Saarland. »Unterhalb der Siegmündung«, so die NRW-Landesanstalt für Gewässerschutz über den Rheinzustand, »zeigt sich ein deutlich schlechteres Bild als oberhalb.« Beispielsweise beginnt gerade hier ein typischer Abwasserpilz zu wuchern. Den größten Anteil an der Siegverschmutzung dürften Holz und Zellstoffwerke haben, die am Oberlauf des Flusses (also in Rheinland-Pfalz) liegen. Ihnen muß auch ein Fischsterben angelastet werden, bei dem 1971 der Fischbestand auf über 60 Kilometer Flußstrecke vernichtet wurde. Einige hundert Menschen demonstrierten daraufhin in Etzbach gegen die Siegvergiftung durch die holzverarbeitende Industrie. Die Fischleichen trieben hauptsächlich jedoch durch nordrhein-westfälisches Gebiet, so daß der NRW-Landwirtschaftsminister Diether Deneke seinen rheinland-pfälzischen Kollegen Otto Meyer aufforderte, besonders gegen das Holzwerk in Etzbach vorzugehen. Der Mainzer Minister nannte die Vorwürfe »sachlich unrichtig« und weigerte sich, die Industrie zur Rechenschaft zu ziehen. Die von der chemischen Industrie verseuchte Wupper, deren Geruchsaroma bei Spaziergängern Übelkeit aufkommen läßt, beeinträchtigt den Erholungswert der Landschaft zwischen Solingen und Leverkusen. Schaumberge treiben auf dem pechschwarzen Wasser dieses Abfallgrabens. Die Giftlösung der Wupper mischt sich nur schwerlich mit dem Rheinwasser. Noch zehn Kilometer unterhalb ihrer Einmündung ist die Wupper immer noch als Wupper im Rheinstrom zu identifizieren. Die Emscher schließlich, die nicht nur die Schmutzwasser der Kokereien empfängt, schwemmt täglich etwa 30 Tonnen Phenole in den Rhein.

Gerade aber mit dem Zustand des Mains haben sich zahlreiche Forscher intensiv befaßt. Mitarbeiter des Forschungsinstituts Sencken-

berg in Frankfurt kamen 1971 zu dem Ergebnis: »In den dicht besiedelten industriellen Ballungsgebieten sind große Teile des unteren Mains heute bereits tot. Weitere werden folgen, falls keine Maßnahmen eingeleitet werden, um das zu verhindern. Die schwere Belastung des Untermains durch schädliche Zivilisationsabfälle ist beispielhaft für viele andere Flüsse in der Bundesrepublik. Sofortmaßnahmen sind notwendig, wollen wir nicht einer Katastrophe Vorschub leisten.« Der Wasserhygieniker Professor Borneff entdeckte im Main hohe Metallkonzentrationen: Zink und Mangan etwa 100 Milligramm je Kubikmeter, Blei, Nickel und Kupfer etwa zehn Milligramm je Kubikmeter, Chrom, Kobalt und Cadmium etwa 0,1 bis ein Milligramm je Kubikmeter Mainwasser (die Werte können allerdings nur die Größenordnung, nicht den exakten Gehalt angeben). Noch fällt – nach Angaben des Wissenschaftlers – eine Beurteilung dieser Ergebnisse schwer. Soviel steht aber fest: Bei einer Konzentration von 0,3 Milligramm kann Cadmium, wie Versuche ergaben, eine Bindegewebegeschwulst bei Ratten hervorrufen.
Die Farbwerke Hoechst AG rühmen in Illustriertenanzeigen ihre Kunststofferzeugnisse, mit denen auch Brutbecken für Fischfarmen im Meer entstehen sollen, mit dem Werbeslogan: »Damit wir auch morgen genug Fisch haben.« Denn »Hoechst denkt weiter«; die Fische in den Meeresfarmen werden »mit Netzen aus Trevirahochfest vor ihren Feinden geschützt.« Wer aber schützt die Fische in Main und Rhein vor Hoechst?
Tag für Tag erhält der Main aus dem Griesheimer Chemiekombinat einen kräftigen Giftstoß. Große Mengen des Schädlingsbekämpfungsmittels Endosulfan fließen in den Fluß. Die durchschnittliche Tagesdosis für den ohnehin belasteten Main wird auf etwa fünf bis zehn Kilogramm geschätzt. Endosulfan, so vermuten einige Wissenschaftler, hat im Frühsommer 1969 zusammen mit einem sehr niedrigen Sauerstoffgehalt das gigantische Fischsterben im Rhein ausgelöst. Der schlüssige Beweis konnte jedoch nicht erbracht werden. Professor Borneff konnte immerhin recherchieren: »Die unterhalb der Einleitung (von Hoechst) verfrachteten Mengen waren erheblich, nach unseren Berechnungen gab es im Main Spitzen bis zu 77 Kilogramm pro Tag. Erstaunlich ist die Tatsache, daß bei Hochwasser die Werte stiegen und nicht etwa als Folge der Verdünnung

der eingeleiteten Abwässer sanken. Unsere Vermutung geht dahin, daß das Endosulfan in großen Mengen im sedimentierten Flußschlamm gespeichert ist, der dann bei Hochwasser zur Aufwirbelung gelangt.« Die eigentliche Problematik liegt nach Ansicht Professor Borneffs in der »biologischen Kette«: »Das heißt, die im Oberflächenwasser enthaltenen Spuren der Pestizide (Schädlingsgifte) werden vom Plankton in die Fettsubstanzen eingelagert und in der Nahrungskette bis zum Fisch sowie über Fischmehl auf Hühner und Schlachttiere und damit schließlich zum Menschen weitergegeben.«
Auch die Tatsache, daß nicht zuletzt durch die Giftabwässer von Hoechst der Freizeit- und Erholungswert der Main- und Rheinufer verlorengeht, läßt das Chemieunternehmen mit der 297-Millionen-Mark-Dividende (1969) kalt. Für die Farbwerke erklärte Dr. Karlheinz Trobisch: »Baden, Angeln und Romantik – alles Quatsch!« Ein »Preis für den Fortschritt« müsse halt gezahlt werden. Die schrankenlose Profit- und Fortschrittsideologie der Industrie hat auf den letzten 23 Kilometern des Mains vor seiner Einmündung in den Rhein eine »biologische Verödungszone« (Senckenberg-Institut) zurückgelassen. Die Frankfurter Wissenschaftler fordern eine »grundsätzliche Entgiftung des Mains«, da der Bedarf des Menschen an Oberflächenwasser immer größer werde. Das ist Aufgabe der Wirtschaft; sie verursacht 93 Prozent der Mainverschmutzung.

Wärmetod der Flüsse

Im Jahre 1985 hat sich der Rhein in ein tropisch warmes Gewässer verwandelt. Bei Mannheim liegt die Temperatur des Wassers bei 29 Grad, bei Biblis und Leverkusen erreicht sie 30 Grad, zwischen Krefeld und Duisburg 31 Grad, ab Walsum sogar mehr als 31 Grad. Aufgeheizt werden auch Main, Weser und Donau, selbst die Isar erwärmt sich ab 1976 um vier bis fünf Grad. Jene Fische, die trotz Schmutz und Gift überlebt haben, sterben den Wärmetod. Vernichtet wird auch der Rest der schmutzabbauenden Mikrolebewesen. Der Sauerstoffgehalt des Wassers nimmt rapide ab. Die Flüsse haben ihre Rolle als Trinkwasserlieferanten endgültig ausgespielt. Damit nicht genug: Die Städte an den großen Flüssen versinken hinter grauen Nebelwänden. Das stark erwärmte Wasser begünstigt die Bildung von dichtem Nebel. Dampf und Dunst signalisieren eine Klimaveränderung in weiten Teilen Westdeutschlands.

Diese Vision zahlreicher Wissenschaftler wird Wirklichkeit, wenn eine Kette von Atomkraftwerken die Flußufer säumt. Industrieunternehmen (z. B. Bayer und BASF) und Elektrizitätsgesellschaften planen, allein am Rhein in den nächsten 13 Jahren 16 bis 18 Kernkraftwerke in Betrieb zu nehmen. Für alle Anlagen kommt nur ein Standort in Flußnähe in Frage, da bei der nuklearen Energieerzeugung ungeheure Mengen an Kühlwasser benötigt werden. Die attraktivsten Bauplätze liegen naturgemäß am Rhein, da hier die größte Wasserkapazität vorhanden ist. Größere Kernkraftwerke erfordern eine Kühlwasserzufuhr von 60 Kubikmetern in der Sekunde. Nachdem das Wasser durch den Atommeiler geschleust wurde, ist es im Durchschnitt um neun Grad wärmer geworden.

Das Vordringen der Atomenergie, die erheblich billiger als konventionell erzeugter Strom ist, dürfte kaum mehr aufzuhalten sein. 1970 wurden in der Bundesrepublik erst rund drei Prozent der gesamten Energie aus Kernkraftwerken geliefert; 1976 werden es 15 Prozent, 1980 sogar 25 Prozent sein. Atomare Riesenkraftwerke am Rhein sind unter anderem in Schwörstadt, Breisach, Wörth, Philippsburg, Mannheim, Biblis, Leverkusen, Duisburg und Walsum vorgesehen. Diese Kraftwerke hätten eine Wärmeabgabe von je 300 Millionen bis 1,2 Milliarden Kalorien pro Sekunde; spätestens 1985 wären sie fertiggestellt.

Nach einer Studie, die im Auftrag der Arbeitsgemeinschaft der Länder zur Reinhaltung des Rheins zusammengestellt wurde, dürfte die Kühlkapazität des Stroms bereits 1975 nahezu erschöpft sein. Das hessische Umweltministerium erklärte, daß die bis 1985 geplanten Nuklearkraftwerke jedoch weit über die zumutbare Höchstgrenze der Belastung hinausgehen.

Politiker und Wissenschaftler protestieren aber auch gegen den Bau von Kernkraftwerken am Main. Besonders große Bedenken werden gegen das Kraftwerkprojekt in Groß-Welzheim (Kreis Alzenau) an der hessisch-bayerischen Grenze erhoben. Mit der Realisierung dieses Plans wären in einem verhältnismäßig kurzen Mainabschnitt vier Kraftwerke entstanden. Die Rheinisch-Westfälischen Elektrizi-

tätswerke (RWE) sehen jedoch keinen Anlaß, von ihrem Vorhaben (Leistung 1300 Megawatt) abzurücken.
Der SPD-Fraktionsvorsitzende in der Regionalen Planungsgemeinschaft Untermain (RPU), Peter Neugebauer, befürchtet dagegen: »Das Atomkraftwerk würde die biologische Vernichtung des Mains bedeuten.« Der hohe Kühlwasserbedarf könne einfach nicht aus dem Main gedeckt werden, da schon die Kraftwerke in Dettingen, Kahl und Großkotzenburg den Fluß belasteten. Eine Wasserentnahme sei gerade in diesem Bereich sehr kritisch und müsse unbedingt vermieden werden. Neugebauer kündigte an, daß die SPD-Fraktion im Planungsverfahren ihr Veto einlegen werde. Scharfen Protest erhob auch die »Aktionsgemeinschaft Umweltschutz Aschaffenburg und Untermain«. Der RWE-Reaktor stelle gerade in diesem Gebiet einen potentiellen Gefahrenherd dar, da er sich in der Einflugschneise bzw. im Luftwarteraum des Frankfurter Flughafens befinde. Die größte Drehscheibe für den Flugverkehr in der BRD werde an Spitzentagen schon von über 200 Maschinen angeflogen. Stürzt ein Flugzeug auf das Atomkraftwerk oder in dessen Nähe ab, sei eine Katastrophe mit unabsehbaren Folgen zu befürchten. Die Aktionsgemeinschaft Umweltschutz weist auch auf die Schiffstransporte von Explosivstoffen auf dem Main hin, deren Zahl nicht genau bekannt sei. Die zusätzliche Aufheizung des Mainwassers müsse ebenfalls bedenklich stimmen.
Das Forschungsinstitut Senckenberg hat nämlich festgestellt, daß der Tod der meisten Lebewesen im Main schon bei einer geringeren Wassertemperatur als bisher angenommen möglich ist. Hatte man den Massenexitus bisher bei einer Temperatur von 28 Grad (und dem dann herrschenden Sauerstoffmangel) befürchtet, so scheinen nach neuen Untersuchungen bereits 23 bis 24 Grad auszureichen, wenn eine höhere Verschmutzung mit Salzen eintritt. Als Folge des Kühlturmbetriebes, so die Aktionsgemeinschaft, müsse durch die Verdampfung von Mainwasser eine Geruchsbelästigung befürchtet werden. Außerdem sei ein »Austragen von Krankheitskeimen« aus der Mainkloake in die Luft denkbar. Während die Kraftwerk-Planer der Elektrizitätsgesellschaften und der Industrie eine Erwärmung der Flüsse um fünf Grad für unbedenklich erklären, sind Wasserkundler und Biologen anderer Meinung. Sogenannte »sommerwarme Gewässer«, die schon normal bis zu 26 Grad warm

werden, dürfen höchstens auf 28 Grad aufgeheizt werden. Kaum verschmutzte Flüsse ertragen noch Temperaturerhöhungen von drei Grad. Beinahe alle bundesdeutschen Gewässer sind aber durch Abwässer und Gifte stark belastet, deren Um- und Abbau einen starken Sauerstoffrückgang heraufbeschworen hat. In dieser Situation aber wird das gesamte biologische System des Flusses durch eine Erwärmung aus dem Gleichgewicht geworfen.

Die meisten Fische haben sich an einen sehr engen Temperaturbereich angepaßt. Forellen würden eine Temperatur von 20 Grad kaum ertragen; sie könnten auch den Krankheitserregern nicht widerstehen, die in diesem wärmeren Wasser gedeihen. Selbst Aale – bekannt als robuste Rheinbewohner – können in einem 30 Grad warmen Wasser nicht überleben. Insektenlarven, die als Fischfutter dienen, sind ebenfalls auf einen bestimmten Temperaturbereich angewiesen. Wird der Grenzwert überschritten, sterben sie ab. Die Fische verhungern. Die Gefahr einer radioaktiven Verseuchung der Flüsse durch Atomkraftwerke scheint dagegen in den Hintergrund zu treten. Strenge Sicherheitsvorschriften und entsprechende Einrichtungen – z. B. verbesserte Umhüllungen der Reaktor-Brennelemente – existieren schon heute und werden weiter entwickelt.

Die Bundes- und Landesbehörden zeigen wenig Neigung, das Tempo beim Bau von Kernkraftwerken zu drosseln. Sie sehen hier die beste Chance, den steigenden Energiebedarf der Zukunft zu dekken. So erscheint der Wärmetod der Flüsse unvermeidbar.

Der Bodensee

Aus dem Bodensee beziehen rund drei Millionen Menschen im Großraum Stuttgart ihr Trinkwasser; das ist ein Drittel der gesamten Bevölkerung Baden-Württembergs. Annähernd 30 000 Kubikmeter Wasser werden stündlich aus dem See gepumpt und fließen über Fernleitungen ins Neckargebiet. Dieses aufwendige Versorgungssystem wurde erst 1958 in Betrieb genommen, um endlich dem chronischen Wassermangel Mittelwürttembergs abzuhelfen. Nun aber zeichnet sich für das 540 Quadratkilometer große Schwäbische Meer eine düstere Zukunft ab. Phosphat- und Nitratverschmutzung, Sauerstoffarmut und Ölpest bedrohen einen der bedeutendsten Trinkwasserspeicher Mitteleuropas. Verliert der Bodensee sein biologisches Gleichgewicht und verwandelt sich in eine Kloake? Einige Wissenschaftler bezweifeln, daß die Entwicklung hin zum toten Schmutztümpel noch aufzuhalten ist; eine Rettung des Sees scheint ihnen nicht in Sicht. Noch hat sich der Geschmack des Bodenseewassers nicht verändert, noch war kein Massensterben der Fische zu beobachten. »Trotzdem geht es dem Bodensee nicht gut«, erklärt Dr. Werner Nümann, Direktor des Instituts für Seenforschung in Langenargen, »kontinuierliche Eingriffe bringen ihn zum Siechtum«.

Dr. Nümann erläutert den grundsätzlichen Unterschied zwischen Fluß- und Seenverschmutzung: »Im Fluß ruft schon ein einmaliges Einleiten von Giftstoffen ein Fischsterben hervor; doch das fließende Wasser schwemmt die toxischen Stoffe weg, und der Fall ist mehr oder weniger erledigt. Dagegen werden im See Giftstoffe sofort verdünnt und verursachen keine sogleich auffallenden Schäden; doch bleiben die Gifte weitgehend im See und können akkumuliert (angehäuft) werden. Man könnte sagen, der Fluß leidet mehr an akuten Krankheiten, der See an schleichenden, also chronischen.«

Die größte Gefahr für den Bodensee stellt die übermäßige Phosphatzufuhr dar. 80 Prozent davon stammen aus Industrie und Haushalten, deren Abwässer noch nicht genügend geklärt werden. Dabei spielen die phosphathaltigen Waschmittel eine geradezu verhängnisvolle Rolle. Könnte man sie aus dem Handel ziehen, würden die Phosphatverunreinigungen im Bodensee etwa um ein Viertel abnehmen. 20 Prozent der Phosphatanreicherung im See gehen zu Lasten der Landwirtschaft. Aus den Düngemitteln, die auf den Äckern verwendet werden, schwemmt der Regen (über Bäche oder Flüsse) Phosphate in das Gewässer. Wie viele Seen im Voralpengebiet gehört auch der Bodensee zu den nährstoffarmen Gewässern mit einer »beschränkten Produktion von Organismen« (Dr. Nümann). Phosphate sind erst seit zwanzig Jahren im Seewasser zu finden. Der vermehrte Zufluß aus Haushalten, Industrie und Landwirtschaft hat heute zu einer Überdüngung des Sees geführt. Die Phosphate konnten mehr Pflanzen und Tiere als je zuvor ernähren. Explosionsartig steigerte sich das Algenwachstum. Wie Dr. Nümann ermittelte, gibt es heute zwanzigmal soviel Algen im See wie vor 20 Jahren. Nicht nur die Algenteppiche wuchern, auch das tierische

Plankton vermehrt sich rasant. Eine erste Folge dieses üppigen Wachstums ist die zunehmende Trübung des Wassers; seine Transparenz hat innerhalb von 35 Jahren um zwei Meter abgenommen. Viel schwerwiegender ist jedoch die Störung des Sauerstoffhaushaltes. Mit der Zersetzung abgestorbener Lebewesen wird dem Wasser Sauerstoff entzogen. Während des Sommers bleiben in tiefen Wasserschichten nur noch rund 40 Prozent des früheren Sauerstoffgehaltes übrig. Dann ist auch eine Durchmischung der Wasserschichten nicht möglich, der aufgezehrte Sauerstoff wird nicht ersetzt.
Schädliche Wirkungen zeigen sich bereits für die Fische im See. Dr. Nümann berichtet: »Der Sauerstoffmangel in der Tiefe scheint die Entwicklung der Felcheneier zu gefährden. In den letzten Jahren wurden am Seegrund viele Felcheneier gefunden, die abgestorben und verpilzt waren. Auch verkrüppelte Blaufelchen wurden festgestellt.« Die Zusammensetzung der Fischarten habe sich auf Kosten der Edelfische tiefgreifend verändert. Dr. Nümann: »Der Fanganteil der Felchen fiel in den letzten 60 Jahren von 74 auf 31 Prozent, der von Seeforellen von 3,4 auf 0,8 Prozent; hingegen stieg der Anteil der Barsche von 9 auf 46 Prozent und der Anteil der wertlosen Weißfische von 12 auf 21 Prozent.«
Allein aus den Motoren der Sportboote fließen jährlich 20 000 bis 30 000 Kilogramm Öl in das beste Trinkwasserreservoir Baden-Württembergs. Öl gelangt aber auch mit den Flüssen in den Bodensee. Im Umkreis der Flußmündungen konnten die Wissenschaftler größere Ölablagerungen am Seeboden orten. Eine weitere Gefahr kann jedoch nicht unterschätzt werden. Dr. Nümann: »Ein Bruch der Pipeline in den Tälern der Bodenseezuflüsse könnte zu einer Katastrophe führen.« Nur sehr langsam werden die Mineralölverbindungen im See abgebaut. Das Öl vernichtet schmutzzehrende Bakterienkolonien und kann sich im Gewebe der Fische anreichern. Schon ist jeder Quadratmeter des Seebodens mit durchschnittlich einem Gramm Öl verschmutzt. Nach einer Schätzung Dr. Nümanns dürften heute 600 Tonnen Öl auf dem Grund des Sees lagern. Lauert hier schon die Ölpest der Zukunft?
Ein Colloquium über die Bodenseeverschmutzung im Jahre 1971 auf der Blumeninsel Mainau, an dem Wissenschaftler und Politiker aus der BRD, der Schweiz und Österreich teilnahmen, zeigte deutlich, daß man sich über das Ausmaß der Gefahr klar geworden ist.

Zwar verfügen die meisten Städte und Gemeinden im Einzugsgebiet des Sees über Kanalisation und mechanische Kläranlagen – eine Ausnahme bilden Überlingen und Meersburg, die ihre Fäkalien ungereinigt in den See ablassen –, höchstens 40 Prozent der Städte aber haben biologische Klärsysteme. Nur mit Hilfe solcher Anlagen könnte der Phosphatspiegel des Sees gesenkt werden. Noch jedenfalls steigt er weiter an. Professor Hans Liebmann von der Bayerischen Biologischen Versuchsanstalt ist sicher, daß der See mit einer riesigen Abwasser-Ringleitung gerettet werden könnte. Dabei würden die Abwässer des gesamten Einzugsgebietes einer internationalen Großkläranlage am Hochrhein zugeführt. Kosten dieses technischen Monsterprojektes: drei bis fünf Milliarden Mark. Andere Fachleute bezweifeln schlichtweg, daß ein solches Vorhaben realisierbar ist. Allein der Durchmesser der Abwasserrohre sprenge jede Vorstellung. Dr. Nümann und Professor Hans-Joachim Elster (Konstanz) fordern vorrangig ein lückenloses System optimaler Kläranlagen. Welche Pläne auch immer verwirklicht werden – Eile ist geboten. Und ebenso ein gemeinsames Vorgehen aller drei Anliegerstaaten.

Die Talsperren

Die gleichen chemischen und biologischen Umwandlungen, wie sie im Bodensee zu beobachten sind, bedrohen auch viele deutsche Trinkwassertalsperren. Eine extrem hohe Anreicherung mit Nährstoffen – auch Eutrophie genannt – und die daraus resultierenden Prozesse scheinen die einwandfreie Trinkwasserversorgung aus gewissen Stauseen in Frage zu stellen. Zumindest aber muß mit einem erhöhten Kostenaufwand bei der Wasseraufbereitung gerechnet werden.

Von diesem Problem sehr stark betroffen ist beispielsweise die Wahnbachtalsperre bei Siegburg, deren Fassungsvermögen 42 Millionen Kubikmeter beträgt. Diese Talsperre versorgt die Bundeshauptstadt Bonn, Siegburg und den Rhein-Sieg-Kreis mit Trinkwasser. Dr. Heinz Bernhardt vom Laboratorium des Wahnbachtalsperrenverbandes ermittelte in langjährigen Untersuchungen Ursachen, Ausmaß und Folgen der Eutrophierung, die einen stark

beschleunigten Alterungsprozeß gleichkommt. Das schnelle Altern des Sees wird auch hier ausgelöst durch Phosphate und Nitrate.
Das Einzugsgebiet der Wahnbachtalsperre ist von nur 8000 Menschen besiedelt und wird zu 70 Prozent landwirtschaftlich genutzt (vorwiegend Ackerbau). Im Hauptzufluß der Talsperre, dem Wahnbach, finden sich jährlich 1,2 Tonnen Gesamtphosphor aus den Abwässern der Haushalte. Drei Tonnen Phosphor im Jahr fließen jedoch aus der Landwirtschaft zu. Sie stammen hauptsächlich aus dem Kunstdünger des Ackerbodens. Besonders bei starkem Regen und Schneeschmelze werden diese Substanzen aus den Feldern gewaschen. Regenreiche Jahre lassen die Phosphorbelastung rapide ansteigen. So brachte das trockene Jahr 1964 dem Wahnbach eine Phosphor-Fracht von 1,3 Tonnen; im darauffolgenden nassen Jahr stieg die Menge auf 3,7 Tonnen an. Als Mittelwerte bleiben festzuhalten: rund 28 Prozent des Phosphors beruhen auf häuslichen Abwässern, 72 Prozent haben ihren Ursprung in der Landwirtschaft.
Die Algenwucherung ist so weit fortgeschritten, daß in der Wahnbachtalsperre auf einen Kubikmeter Wasser bereits 8,3 Kubikzentimeter Plankton entfallen. In Talsperren ohne Nährstoffanreicherung liegt der Planktongehalt bei etwa 0,1 bis vier Kubikzentimetern. Dr. Bernhardt stellt fest: »Die Eutrophierung stehender Gewässer, aus denen Trinkwasser gewonnen wird, wirkt sich in vielerlei Hinsicht störend auf den Wasseraufbereitungsprozeß aus und kann zu einer Beeinträchtigung der Wassergüte des abgegebenen Trinkwassers führen. Übersteigt die während des Jahres gebildete Menge an Organismen das Vermögen des Sees, diese Menge in den tieferen Wasserschichten wieder abzubauen, so kommt es hier zur Saustoffverarmung, vielleicht sogar zur Sauerstofffreiheit und gegebenenfalls zur Bildung von Schwefelwasserstoff. Das Auftreten höherer Konzentrationen an Mangan und Eisen sind die Folge.« Das wiederum hat Schwierigkeiten bei der Aufbereitung zur Folge, weil nun dem Wasser Zusatzstoffe beigemischt werden müssen.
Dr. Bernhardt sieht ein weiteres Handikap: »Während der Sommermonate finden sich die Algen zwar vorwiegend in den oberen Wasserschichten, so daß das aus den tieferen Wasserschichten entnommene Talsperrenwasser planktonarm ist. Während der Zirku-

lationsperioden, also im Herbst, Winter und Frühjahr, werden die Algen in alle Tiefen verteilt und gelangen dann – eventuell in großen Mengen – auch in das aufzubereitende Wasser. Hier können sie entweder zum vorzeitigen Verstopfen der Filter und vielleicht sogar zu einer empfindlichen Leistungsminderung der Trinkwasseraufbereitungsanlagen führen, oder sie brechen durch die Filter durch und gelangen in das Verteilungsnetz, wo sie sich festsetzen und Nährböden für unkontrollierte Wiederverkeimungen bilden.«

Selbst in Talsperren, die nicht sonderlich stark mit Nährstoffen angereichert sind, finden sich in einem Liter Wasser etwa 300 000 Algen. Nach der Filtration bleiben immer noch 15 000 Algen je Liter zurück. Ein so hoher Algengehalt des Wassers begünstigt das Auftreten von Würmern, Schnecken, Insektenlarven und Kleinkrebsen im Rohrnetz der Städte. Algen enhalten außerdem ätherische Öle, die schnell freigesetzt werden können (bei Tod oder Schädigung der Zelle) und einen unangenehmen Geschmack und Geruch des Wassers hervorrufen.

Beispielsweise ist das Öl einer Geißelalge noch in einer Verdünnung von 1 zu 25 Millionen wahrnehmbar. Je nach Algenart mischt sich ein Geruch von Gras oder Fisch in das Trinkwasser; auch ein direkt öliger Geschmack kann auftreten. Außerdem muß befürchtet werden, daß sich hohe Konzentrationen von gelösten organischen Verbindungen in den Talsperren ungünstig auf die Keimabtötung mit Hilfe üblicher Desinfektionsmittel auswirken. Die Abtötung der Keime durch Chlor läuft unter diesen Umständen viel langsamer, möglicherweise sogar unvollständig ab. Eine wachsende bakteriologische Gefährdung der Bevölkerung, die mit diesem Trinkwasser versorgt wird, scheint unaufhaltsam. Verhindert werden kann sie nur durch neue Aufbereitungs- und Filtrationsverfahren. Einige Ansätze sind schon vorhanden; z. B. im Hinblick auf Anlagen, die einen großen Teil des Phosphor-Zuflusses von den Trinkwassertalsperren fernhalten. In jedem Falle müssen »nicht unerhebliche Verteuerungen des Aufbereitungsganges« (Dr. Bernhardt) in Kauf genommen werden.

Gefahren für Trinkwassertalsperren können aber auch dann auftauchen, wenn ihre Umgebung als Erholungsgebiet erschlossen und von einer motorisierten Besucherinvasion überrollt wird. Mit dem

Autoverkehr können Benzin- und Ölverunreinigungen in die Talsperre gelangen, Zivilisationsmüll und Abfälle verschiedenester Art bringen Risiken für das Gewässer mit sich. Darauf weist Professor Botho Böhnke (TH Aachen) am Beispiel des Stausees Haltern hin, der das Gebiet zwischen Münster und Dortmund versorgt. Da am Nordrand des Ruhrgebiets wenig Ausweichmöglichkeiten für Wochenend-Touristen gegeben sind, bietet sich die Talsperre als Ausflugsziel geradezu an, zumal die Verkehrsverbindungen zum See verbessert wurden. Tausende strömen an das Seeufer, hinterlassen Wochenende für Wochenende mehr Schmutz. Professor Böhnke: »Es müßte Aufgabe einer überörtlichen Planung sein ... eine Überschneidung der Belange der Wasserversorgung und der Erholung durch Angebot anderer attraktiver Erholungsgebiete mit entsprechend ausgerichteter verkehrstechnischer Erschließung so weit wie irgend möglich zu verhindern.«

Das Grundwasser

In der Bundesrepublik wird immer noch der größte Teil des Trinkwassers aus dem Grundwasser gewonnen. Zum Beispiel liegt der Grundwasseranteil an der Gesamtversorgung in Hessen bei 90 Prozeit, in Rheinland-Pfalz bei 97 Prozent und im Saarland bei fast 100 Prozent. Auch die Wasserwerke Nordrhein-Westfalens und Baden-Württembergs sind in erster Linie auf die Grundwasservorräte angewiesen. Aber selbst dieses unterirdische Reservoir schrumpft zusammen, wird verschmutzt und häufig unbrauchbar.
Im Mittelpunkt aller Befürchtungen steht die Ölverschmutzung. Sie wird von Jahr zu Jahr bedrohlicher, schon ein paar Statistiken zeigen: In der BRD hat sich der Verbrauch von Mineralölprodukten zwischen 1950 und 1969 verdreiundzwanzigfacht. Ereigneten sich 1958/59 erst 14 Öl-Unfälle im Verkehr, so waren es 1969 bereits 462. Die Wasserversorgung Münchens (jährlicher Bedarf rund 200 Millionen Kubikmeter) wird ausschließlich aus dem Grundwasser gedeckt. Daß einzelne Bereiche des Grundwasserreservoirs schlagartig ausfallen können, muß befürchtet werden. Allein im Jahre 1970 ereigneten sich in München sechs Öl-Unfälle, die zu Grundwasserverschmutzungen führten. 1971 gelangten durch Un-

fälle und undichte Öltanks etwa 40 000 Tonnen in die westdeutschen Gewässer; der größte Teil davon sickerte ins Grundwasser. Als Faustregel gilt, daß ein Liter Öl noch in einer Verdünnung von einer Million Liter Wasser geruchlich wahrzunehmen ist. Bestimmte leichte Heizölarten machen jedoch eine Verdünnung von mindestens 1 zu 150 Millionen erforderlich, um störenden Geruch zu vermeiden. Wenn auch umfangreiche Grundwasservorräte durch Ölverseuchung unbrauchbar werden, so scheint eine direkte gesundheitliche Gefahr kaum denkbar. Denn der widerliche Ölgeschmack des Trinkwassers, den jeder sofort wahrnehmen kann, verhindert fast immer die Aufnahme in den menschlichen Körper.
Das gefährlichste Trinkwassergift ist dagegen nicht so einfach zu erkennen. Nitrat, aus den Düngemitteln der Felder ins Grundwasser gespült, kann nur mit chemischen Analysen nachgewiesen werden. Nach Untersuchungen der Landesstelle für Gewässerkunde in Rheinland-Pfalz konnte in 39 von 54 überprüften Trinkwasser-Brunnen (also in 72 Prozent der Brunnen!) ein Gehalt von mehr als 50 Milligramm Nitrat je Liter Wasser, teilweise sogar von 300 bis 500 Milligramm, nachgewiesen werden. Trinkwasser darf jedoch nur 20 Milligramm Nitrat je Liter enthalten; einige Wissenschaftler plädieren sogar dafür, diese Grenze auf zehn Milligramm herabzusetzen.
Nitrat wird nun durch Bakterien in Nitrit verwandelt. Und damit erst ist die akute Gefahr gegeben. Nach Ansicht Professor Borneffs kann eine hohe Nitritdosis im Trinkwasser Säuglinge vergiften, zum Beispiel dann, wenn die Pulvernahrung für die Kleinstkinder mit solchem Wasser angerührt wird. Nitritverseuchtes Trinkwasser ruft bei Babies eine unter Umständen tödliche Blausucht hervor. Auch bei Erwachsenen können Vergiftungserscheinungen auftreten. Wie ernst die Situation ist, macht ein Hinweis Professor Borneffs deutlich: »Die Überlegungen gehen dahin, in gefährdeten Gebieten geeignetes Wasser in Büchsen oder Flaschen speziell für die Ernährung der Säuglinge bereitzustellen. Selbstverständlich kann eine solche Regelung nur ein Notbehelf sein.« In Verbindung mit anderen chemischen Substanzen können aus Nitrit Nitrosamine entstehen, die krebserzeugend wirken. Über Untersuchungen an Nitrosaminen (die sich im Magen bilden) berichtet Dr. Preusmann vom Deutschen Krebsforschungszentrum in Heidelberg: »Das Heraus-

ragende war nun, daß man mit Nitrosaminen selektiv und in hohen Ausbeuten bösartige Tumore in fast allen Organen erzeugen kann. Das heißt also, daß wir einige Nitrosamine haben, die zum Beispiel nur in der Speiseröhre Tumore erzeugen, nicht aber in anderen Organen. Andere Verbindungen erzeugen Tumore in der Blase, im Gehirn, im Nervensystem, in der Lunge, in der Niere usw.« Der Krebsforscher weiter: »Diäthylnitrosamin, ein weiterer sehr wirksamer Vertreter, wurde bisher an insgesamt 14 verschiedenen Tierarten untersucht. An allen erwies sich die Verbindung als krebserzeugend angefangen beim Frosch und der Forelle bis zum Hund, Schwein und Affen. Es ist nicht einzusehen, warum die Spezies Mensch hier anders reagieren sollte. Viele dieser Verbindungen erzeugen schon Krebs nach einer einmaligen Behandlung. Wir haben in den Nitrosaminen also eine Klasse extrem wirksamer Verbindungen vor uns, die in allen Organen, die auch beim Menschen vom Krebs befallen werden, wirksam sind . . .«

Die beängstigende Nitratanreicherung im Grundwasser und die daraus resultierenden Gefahren können nur gebannt werden, wenn die Landwirtschaft eine Stickstoff-Überdosierung des Bodens vermeidet. Auch mit Initiativen des Gesetzgebers sollte nicht gewartet werden, bis ein paar Dutzend Säuglinge an Blausucht gestorben sind.

Auch die zunehmende Verwendung von Schädlingsgiften in Land- und Forstwirtschaft wirft nach Auffassung von Dr. Althaus vom Hygiene-Institut Gelsenkirchen die Frage auf, »ob und in welchem Umfang die üblichen Wasseraufbereitungsverfahren eine Eliminierung der Pestizide ermöglichen«. Auf Empfehlung des Hygiene-Instituts mußte bereits ein Wasserwerk im Sauerland seinen Betrieb für drei Wochen einstellen, weil in einem nahegelegenen Bach durch ein Insektengift ein Fischsterben ausgelöst worden war. Drei Kilometer vom Wasserwerk entfernt hatte man das Schädlingsbekämpfungsmittel Toxaphen in einem über fünf Hektar großen Fichtenwald verwendet. Der Regen spülte dann Giftreste in den Bach, dessen Wasser zur Grundwasseranreicherung entnommen wird. – Bedroht ist das Grundwasser nicht zuletzt auch durch die Gifte und Chemikalien, die auf Tausenden von Müllkippen lagern. Dieses Problem wird im Kapitel ›Müll‹ noch näher erörtert. Viele Grundwasserzonen geraten durch den Ausbau von Straßen und Parkplätzen in Gefahr. Das Regenwasser, das von Straßen oder Autobahnen in den Boden einsickert, ist durch Asphalt- und Reifenabrieb, Öl- und Treibstoffspuren und oft durch Streusalz verschmutzt. Obwohl seit 1960 rechtliche Voraussetzungen für Trinkwasserschutzgebiete bestehen, werden diese Areale immer häufiger von neu angelegten Straßen zerschnitten. Zum Beispiel durchziehen eine Bundes- und eine Schnellstraße die Schutzzonen des Wassergewinnungsgebietes südlich von Duisburg. Schon diese Straßen stellen – so Professor Böhnke vom Aachener Institut für Siedlungswasserwirtschaft – eine »erhebliche Gefährdung« dar. Durch weitere Straßenbauprojekte wird die Situation in naher Zukunft noch weiter verschlechtert. Professor Böhnke: »Die Gewässerverschmutzung und der Verkehr ist nicht nur ein technisches Problem, sondern auch ein politisches ... Straßenbaumaßnahmen liegen offensichtlich im stark geförderten öffentlichen Interesse und bedingen eine starke Position der Straßenbauverwaltungen. Der Gewässerschutz dagegen wird oft nicht im Gesamtkomplex gesehen; andererseits addieren sich die vielen Einzelbelastungen zu einer gefährlichen Gesamtbeeinflussung.«

Die verantwortlichen Behörden in der Bundesrepublik mahnt Professor Böhnke: »Mit einem merklich geringeren Kraftfahrzeugbestand als heute werden wir immer noch gut leben können; ohne gutes und gesundes Trinkwasser werden Krankheit und Elend einziehen.«

Die Verschlechterung der Trinkwasserqualität in unseren Städten geht also auf eine Reihe von Einzelfaktoren zurück; zu den Hauptschuldigen an dieser Entwicklung dürfen Industrie, Landwirtschaft und Straßenbau gerechnet werden. Ein Trinkwassernotstand kündigt sich an, wenn die Belange des Gewässerschutzes weiter den ökonomischen Interessen unterliegen. Dann erscheint die Katastrophe unvermeidbar. Niemand könnte sagen, sie wäre überraschend gekommen. Denn Hunderttausende von Bundesbürgern haben im wahrsten Sinne des Wortes einen Vorgeschmack davon erhalten. Anzeichen, die auf den herannahenden Notstand hindeuten, gibt es heute genug.

Wochenlang mußten sich im Sommer 1971 die 120 000 Einwohner des Duisburger Stadtteils Hamborn damit abfinden, daß ihnen statt Trinkwasser nur noch eine braun-gelbe Schmutzbrühe zum

Waschen und Kaffeekochen in die Wohnungen gepumpt wurde. Das Wasser für Hamborn gewinnt die »Niederrheinische Gas- und Wasserwerke GmbH« aus dem Uferboden am Rhein; jährlich allein 6,5 Millionen Kubikmeter für diesen Stadtteil. Und die Verschmutzung des Rheins blieb auch für diese Art der Wassergewinnung nicht ohne Folgen. Die private »Niederrheinische Gas- und Wasserwerke GmbH« – sie gehört zur Unternehmengruppe Thyssen-Bornemisza – hatte es mit der Installation neuer, kostspieliger Filtersysteme nie sehr eilig. Neue Anlagen wurden erst nach dem Hamborner Debakel in Betrieb genommen. Chemiker und Hygieniker analysierten den Umwelt-Horror, den ein Viertel der Duisburger Bevölkerung 1971 beim Aufdrehen des Wasserhahns erlebte. Fazit: Das Wasser roch und schmeckte nach Chlorphenol, der Gehalt an Mangan, Ammonium und Karbonaten lag über dem zulässigen Grenzwert. Beim Waschen oder Zähneputzen ließ das Kloakenaroma des Wassers Übelkeit aufkommen. Nutznießer der Trinkwasserverseuchung waren Kioskbesitzer und Einzelhändler, die einen Mineralwasser-Boom erlebten.

Stark salzhaltig ist das Trinkwasser unter anderem in Lübeck, Düsseldorf und Koblenz. Lübeck zum Beispiel bezieht sein Trinkwasser aus dem Ratzeburger See, in den sechs Gemeinden ihre Abwässer ungeklärt fließen lassen. Im Rheingau sowie in den Städten an Mosel und Main, aber auch in Hannover und Lübeck enthält das Trinkwasser einen hohen Nitrat- bzw. Nitrit-Zusatz. Die Mehrzahl aller westdeutschen Städte und Dörfer erhält Trinkwasser, das ständig mit Waschmittelresten durchsetzt ist.

Über Nacht drangen in einer westfälischen Kleinstadt (ihren Namen verschweigt das Gelsenkirchener Hygiene-Institut beharrlich!) Abwässer in die Trinkwasserversorgung. Nach ihren Untersuchungen kamen die Wissenschaftler des Instituts zu dem Schluß: »Nur dem glücklichen Umstand, daß über Nacht die Wasserabnahme durch die Bevölkerung gering war, dürfte es zu verdanken sein, wenn Erkrankungen nicht auftraten. Am frühen Morgen wurde das Wasserwerk von Verbrauchern auf den unangenehmen Geruch und Geschmack des Trinkwassers aufmerksam gemacht. Durch Warnung der Bevölkerung, Durchspülen und Desinfektion des betroffenen Rohrnetzes konnte Schlimmeres verhütet werden.«

Wie aus einem Bericht des Hygiene-Instituts Gelsenkirchen hervor-

geht, mußten allein im Jahr 1970 im Raum Ruhr/Westfalen drei größere und eine kleinere Trinkwassergewinnungsanlagen mit einer täglichen Gesamtförderung von etwa 10 000 Kubikmetern außer Betrieb genommen werden. In zwei Anlagen wurde eine chemische Verunreinigung des Trinkwassers festgestellt, während in den beiden anderen Fällen Abwässer bzw. Fäkalien zu einer Verschmutzung führten.
Auch Dr. Helmut Althaus vom Gelsenkirchener Hygiene-Institut klagt die örtlichen Verwaltungsbehörden an, die »dem Drängen von Bauwilligen, Industriebetrieben und Straßenbaubehörden« bei der Projektierung von Siedlungen, Fabriken und Straßen nicht widerstehen können: »So werden noch heute entgegen den Auffassungen aller Wasserfachleute und der Wissenschaft potente Verunreiniger in Trinkwassereinzugsgebieten nicht nur geduldet, sondern neu angesiedelt. Die möglichen Folgen sind noch nicht abzusehen.«

Zukunft und Kostenfrage

In der Bundesrepublik wurden bisher etwa 0,2 Prozent aller Investitionen für den Gewässerschutz und für Abwasserreinigung aufgewendet. In Frankreich, dessen Umweltpolitik hierzulande keinen guten Ruf genießt, war es immerhin ein Prozent der Gesamtinvestitionen. Für die Erforschung der Abwasserprobleme standen 1971 an Bundesmitteln nur rund vier Millionen Mark zur Verfügung; für 1972 sind jedoch acht Millionen Mark vorgesehen. Auch diese Summe wird den Aufgaben und Programmen der Wissenschaftler nicht gerecht.
Der Wasserbedarf der Bundesrepublik liegt zur Zeit bei jährlich 16 Milliarden Kubikmeter. Davon entfallen auf die Industrie 11,5 Milliarden Kubikmeter, auf den häuslichen Bereich 2,2 und auf das Gewerbe 2,3 Milliarden Kubikmeter. Nach Ansicht von Experten werden im Jahr 2000 rund 34 Milliarden Kubikmeter benötigt. Der Wasserbedarf verdoppelt sich also in den nächsten 28 Jahren. Für die Industrie müssen dann 23 Mrd. Kubikmeter, für die Haushalte 6,6 und für den gewerblichen Sektor 4,4 Mrd. Kubikmeter bereitgestellt werden. Welche Kosten entstehen für Wasserversorgung, Abwasserreinigung, Kanalisation und Abfallbeseitigung bis zum

Jahr 2000? Wie teuer kommt uns die Rettung der Wasservorräte und die Sicherstellung der Trinkwasserversorgung? Professor Böhnke, Direktor des Aachener Instituts für Siedlungswasserwirtschaft, macht eine bestürzende Rechnung auf.
Für den Nachholbedarf, also für die Beseitigung der Wassersünden der Vergangenheit, sind bis zum Jahre 2000 40 Milliarden Mark erforderlich. Kommunen und Gewerbe werden 22 Milliarden, die Industrieunternehmen 18 Milliarden Mark investieren müssen.
Die weitere Industrialisierung, das Wachsen der Städte, die größeren Abwassermengen und die gestiegenen Anforderungen an die Trinkwasserversorgung ergeben einen Wachstumsbedarf von 193 Milliarden Mark (Kommunen/Gewerbe: 108 Mrd. DM, Industrie: 85 Mrd. DM). – Zusammen als 233 Milliarden Mark. Für Abwassermaßnahmen und Trinkwasserprojekte müßten allein bis 1985 jährlich neun Milliarden Mark ausgegeben werden. Professor Böhnke: »Gegenüber der jetzigen Ausgabe von 3,5 bis vier Milliarden DM also eine beträchtliche Steigerung.« Der finanzielle Aufwand würde 1,4 Prozent des Bruttosozialproduktes ausmachen beziehungsweise 150 Mark pro Einwohner und Jahr (im Vergleich dazu: Verteidigungsaufwand 356 Mark pro Einwohner und Jahr, Straßenbau 184, Schulen 206 Mark).
Professor Böhnke ist sicher, daß Wasserinvestitionen in dem genannten Umfang »ohne Schwierigkeit« aufgebracht werden könnten, da allein die bisherigen realen Zuwachsraten des Bruttosozialprodukts erheblich über diesem Betrag liegen.

Nordsee

Professor Ulrich Roll, Präsident des Deutschen Hydrographischen Instituts in Hamburg, gesteht: »Wir nehmen mit der Natur eine Art Experiment vor.« Das Experiment in der Nordsee findet täglich etwa 19 bis 27 Kilometer nordwestlich von Helgoland statt. Spezialtanker der Titangesellschaft mbH in Nordenham steuern das nur 25 bis 28 Meter tiefe Seegebiet mit gefährlicher Fracht an. Die Schiffe transportieren jeden Tag 1800 Tonnen Industrieabwässer aus der Titandioxyd-Produktion in die Nordsee. Bei einer Geschwindigkeit von sechs bis acht Knoten öffnen die Müllboote ein

bis zwei Stunden lang alle Klappen und Ventile. In das Meer quirlen 1800 Tonnen Abwässer, die unter anderem aus 10 Prozent Schwefelsäure, 14 Prozent Eisensulfat und 3 Prozent mineralischen Verunreinigungen bestehen.
Entgegen der ersten Annahme mancher Wissenschaftler sinken die Titanabfälle nicht gleich auf den Meeresboden, sondern benötigen dazu mehrere Stunden. Dr. Günter Weichert vom Deutschen Hydrographischen Institut hat herausgefunden, daß sich nach der Entladung je nach Wetter und Strömung eine riesige Eisenhydroxyd-Wolke in der Nordsee bildet. Das Eisenhydroxyd – entstanden durch die chemische Reaktion der Abwässer mit dem Seewasser – bedeckt eine Meeresfläche, deren Größe zwischen 390 und 650 Quadratkilometer schwankt. Seit Mai 1969 laufen die Abfall-Tanker der Titangesellschaft mbH in die Nordsee aus. Bei einer Meeresforscher-Tagung Anfang Dezember 1971 in Bremerhaven glaubte Titan-Direktor Dr. Hermann Pauls erkannt zu haben: »Die Industrie weiß, was möglich ist und was unmöglich ist, im Meer zu versenken.« Bei eben diesem Colloquium (einer Veranstaltung der Deutschen Forschungsgemeinschaft) waren sich die rund 70 deutschen Wissenschaftler keineswegs darüber einig geworden, daß ein Ablassen der Titanabwässer in die Nordsee ungefährlich sei. Im Gegenteil: Selten vorher hatte man die Folgen dieser »gefährlichen Praktik« (Hygieniker Professor Borneff) so ausführlich diskutiert.
Immerhin hatte im Februar vergangenen Jahres der SPD-Bundestagsabgeordnete Dr. Bechert bei einem Hearing zum Thema ›Reinhaltung der hohen See und der Küstegewässer‹ zur Versenkung des Titan-Schmutzes erklärt: »So viel ich weiß, haben die zuständigen Bundesanstalten davor gewarnt und erklärt, Flora und Fauna könnten dadurch erheblich beeinträchtigt werden. Davon, daß diese Warnung irgendeine Wirkung gehabt hätte, hat man aber nichts gehört.«
So darf denn auch von den neusten Forschungsergebnissen kein Effekt erwartet werden. Dabei haben sich einige Verdachtsmomente konkretisiert, und die Befürchtungen sind eher größer geworden. Das Institut für Hydrobiologie und Fischereiwissenschaft der Universität Hamburg kommt zu dem Schluß: Wo Titanabfälle (auch Rotschlamm genannt) in der Nordsee abgelagert werden, geht die Tierwelt des Meeresbodens stark zurück. Die Tiere werden

mit Rotschlamm gleichsam überklebt. Das Eisenhydroxyd überzieht die Kiemen der Fische und kann zum Erstickungstod führen; es legt sich auf Muscheln und behindert deren Ernährungs- und Bewegungsapparat. Andere Bestandteile des Industriemülls untersuchte Professor Hubert Caspers: »Im Experiment zeigte sich, daß die äußerlich sichtbare Wirkung sowohl von Schwefelsäure wie von Kupfersulfat die Atemorgane betraf: stärkere Verätzung bei Schwefelsäure, Verschleimung bei Kupfereinfluß. Daneben wirkt das Metall auch als Nervengift.«

Scharfe Kritik äußert auch Dr. Egon Halsband vom Institut für Küsten- und Binnenfischerei der Bundesforschungsanstalt für Fischerei in Hamburg: »Bei allen Versuchen zeigte es sich, daß der wesentlichste Störfaktor die Verklebung der Kiemen ist. Hierdurch werden alle Veränderungen im Stoffwechsel, ja sogar in der Herztätigkeit verursacht. Ein Abspülen der Kiemen durch den Fisch ist, wenn überhaupt, nur sehr schwer möglich. Ich möchte ... darauf hinweisen, daß der Rotschlamm auf die Lebewesen eine nachhaltigere und somit schädigendere Wirkung zeigen wird, als der erste Eindruck zeigen konnte. Eines der anfälligsten Versuchsobjekte waren die Garnelen, bei denen schon eine Konzentration von 0,2 Gramm Rotschlamm je Liter Wasser die Erträglichkeitsgrenze erreichen läßt, da sich gerade bei den Garnelen die Verklebungen der Kiemen am deutlichsten bemerkbar machen.«

Ebenso ist Dr. Gieselbert Apelt von der Biologischen Anstalt Helgoland sicher, daß »kein Beweis für die Unschädlichkeit des Rotschlamms« vorliegt. Gegen eine »fortgesetzte Verbringung von Rotschlamm in die Nordsee« müsse man »schwere Bedenken« haben: »Denn die Auswirkungen einiger Millionen Tonnen Rotschlamm pro Jahr auf das gesamte Leben am Nordseeboden lassen sich ... nicht abschätzen.«

Daß die Industrie ihren Produktionsabfall auch weiter bequem und ohne großen Kostenaufwand ins Meer kippen wird, daran bestehen keine Zweifel. Für den Verband der Chemischen Industrie erklärt Assessor Heinz Keune zur Abfallversenkung auf See: »Sie wird aber aus heutiger Sicht der Industrie in gewissem Umfang immer notwendig bleiben.« – Übrigens ›vertraut‹ nicht nur die Titangesellschaft ihren Abfall dem Meer an. Zum Beispiel lassen die Bayer-Werke über holländische Häfen jährlich einige hundert-

tausend Tonnen verdünnter Schwefelsäure verschiffen, die dann ebenfalls in die Nordsee sprudeln.
Täglich gelangen insgesamt etwa 20 000 Tonnen Schmutz, Gift und Abfälle in die Nordsee; Hauptursprungsländer sind die BRD, Holland und Großbritannien. Eine große Gefahr geht von der Verschmutzung durch Öle, Phenole, Quecksilber und Schwermetalle aus. Allein der Rhein transportiert täglich 100 bis 1000 Kilogramm Blei und rund 300 Kilogramm Quecksilber in die Nordsee. Daneben werden auch Insektengifte, Gipsschlamm und Fettsäuren in das Meer geschwemmt. Bei einer Reihe von Meereslebewesen führen hohe Kupfer- und Quecksilber-Konzentrationen zum Zerfall oder zur Rückbildung des Gewebes. Kupfer, Quecksilber und auch Cadmium reichern sich im Fleisch der Muscheln an. Bei fast 40 Prozent aller Aale, die 1971 von Hamburger Fischkuttern angelandet wurden, stellten die Wissenschaftler eine Hautgeschwulst (»Blumenkohlkrankheit«) fest; 1950 waren nur ein bis drei Prozent der Aalfänge aus der Nordsee davon befallen gewesen. So sieht denn auch Professor Nicolaus Peters vom Hamburger Institut für Hydrobiologie und Fischereiwissenschaft eine »auffällige Parallelität zwischen Abwasserbelastung und Tumorbefallrate«.
Genaue Angaben über Menge und Ausmaß der Ölverschmutzung in der Nordsee liegen nicht vor. Die gesamten Verunreinigungen an Öl in den deutschen Küstengewässern (Nord- und Ostsee) schätzen Experten auf etwa 50 000 bis 100 000 Tonnen pro Jahr; der größte Teil davon dürfte jedoch in der Nordsee anfallen. Regierungsbaudirektor Reuter, Vorsitzender des Ölunfallausschusses Seeküste (Cuxhaven): »Der größte Teil der Ölverschmutzungen der hohen See und der Küstengewässer kommt aus den ständigen kleineren, weniger auffälligen und daher die Öffentlichkeit auch nicht so sehr interessierenden, überwiegend aus dem Betrieb der Welttankerflotte stammenden Öleinleitungen. Diese Verschmutzungen entstehen bei der Abgabe von Ballastwasser aus den Öltanks und beim Reinigen der Tanks vor notwendigen Werftarbeiten oder vor der Übernahme einer anderen Fracht. In die Küstengewässer und die hohe See kommt daneben noch Öl aus vielen anderen Quellen, dessen Ausmaß noch viel weniger sicher veranschlagt werden kann. Hierzu gehören die.. großen Schiffsunfälle, Ölverluste bei der Förderung von Öl aus Bohrungen im Küstenmeer und beschädig-

ten Pipelines und aus Unfällen beim Lösch- und Ladevorgang, Ölaustritte aus den zahlreichen auf dem Grund der Meere liegenden Schiffswracks, Öleinleitungen und unbehandelten industriellen Abwässern, die über die Flüsse in das Küstenmeer gelangen, und sicherlich auch in großem Umfang aus unvollständig verbrannten Brennstoffen.«
Eine Untersuchung des Deutschen Hydrographischen Instituts ergab, daß beispielsweise in der Badesaison 1967 an zahlreichen Nordseestränden an 50 Prozent aller Tage leichte bis mittlere, an 34 Prozent der Tage aber schwere Ölverschmutzungen vorhanden waren. Nur an 16 Prozent der Tage blieb die Nordseebrandung ölfrei. Regierungsbaudirektor Reuter gibt zu bedenken: »Während diese direkten Auswirkungen weitgehend bekannt sind, bestehen aber immer noch erhebliche Unklarheiten auf dem Gebiet der Meeresbiologie, etwa über den Grad der Abbaufähigkeit der toxischen Bestandteile des Öls, die Giftwirkung dieser Bestandteile auf marine Lebewesen und speziell die möglicherweise krebserzeugende Wirkung einiger Bestandteile des Erdöls und seiner Verarbeitungsprodukte – dies alles vor allem auch im Hinblick auf ... Langzeitauswirkungen innerhalb der Nahrungskette.«
Eine Ölpest im Jadegebiet machte mindestens tausend Tonnen Muscheln ungenießbar. Von November 1970 bis Februar 1971 konnten die Fischer keine einzige der ölverseuchten und phenoldurchtränkten Muscheln verkaufen.
Nach Ansicht von Professor Otto Kinne von der Meeresbiologischen Forschungsstation Helgoland ist die Nordsee aber auch die »Jauchegrube Europas«. Viele Küstenstädte verzichten leichtfertig auf kostspielige Kläranlagen für ihre häuslichen Abwässer. So ergießen sich besonders aus den Flußtrichtern von Elbe und Weser riesige Fäkalienströme in die Nordsee. Kein Wunder also, daß sich bei einer bakteriologischen Untersuchung des Nordseebades Duhnen bei Cuxhaven Darmbakterien am Strand fanden. Verhältnismäßig hohe Keimzahlen waren hier wie im Nordseeheilbad Westerland anzutreffen. Fäkalbakterien lassen sich noch 45 Kilometer seewärts von Bremerhaven feststellen. Die Kotfluten der Millionenstadt Hamburg können selbst bis zur Insel Sylt driften. Die Zahl der Keime im Nordseewasser kann in Westerland sieben- bis achtmal höher liegen als zum Beispiel in St. Peter Ording. Die vermutlich

höchsten Harnstoff-Konzentrationen an der deutschen Nordseeküste konnten Wasserchemiker in Duhnen ermitteln. Auch vor Borkum und Westerland machen sich Harnstoffverunreinigungen bemerkbar.
Mit all diesen Verschmutzungen – ob aus Industrie, Schiffen oder Haushalten – ist die Nordsee jedoch hoffnungslos überfordert. Sie ist einerseits viel zu flach, um als wirkungsvolles Mülldepot dienen zu können; andererseits können die Strömungen die Schmutzstoffe nur ungenügend verdünnen. Abfall und Abwasser werden nicht bis in den offenen Atlantik gespült, der sie weit besser verkraften könnte.
Noch einmal zurück zur Frage der Industrieabfälle, die nach Ansicht von Experten in der Zukunft zu biologischen Katastrophen an der Nordseeküste führen werden. Der Reiz, Werke unmittelbar am Meer zu bauen, verstärkt sich immer mehr. Das möchte die Industrie auch keinesfalls verhehlen. Professor Dr. Langer, Leitender Direktor beim Bundesgesundheitsamt (Zentrale für Abfallbeseitigung), wirft bei dieser Perspektive eine oft vernachlässigte Frage auf: »Was wissen wir eigentlich über die Art und Menge aller Abfallstoffe der Industrie? Von seiten der Zentralstelle für Abfallbeseitigung haben wir über den Deutschen Industrie- und Handelstag versucht, diese Dinge irgendwie zu erfassen. Leider sind wir dabei nicht weitergekommen, weil keine gesetzlichen Regelungen vorhanden sind, daß die Industrie über ihre Abfallstoffe Auskunft erteilen muß und welche Möglichkeiten sie für die Beseitigung vorsieht. Uns liegt vor allem am Herzen, daß insbesondere diejenigen Stoffe, die uns Sorge bereiten, in größeren Mengen zusammengeführt und wieder verwendet werden oder gemeinsam in eine Form gebracht werden, die es gestattet, sie an Land sorgsam und unter den nötigen Voraussetzungen für den Umweltschutz unterzubringen. Da vielfach nicht bekannt ist, wie diese Stoffe im einzelnen beschaffen sind, und auch die Mengen, die überhaupt anfallen, zum Großteil nur geschätzt werden können, müssen gesetzliche Maßnahmen zur Erfassung dieser Abfallstoffe geschaffen werden.«
Professor Roll vom Deutschen Hydrographischen Institut pflichtet bei: »Es wird vieles unerlaubt und ohne unsere Kenntnis in die Nord- und Ostsee verbracht. Ich möchte hier als besonders gefährlichen Vorgang erwähnen, daß 38 000 Fässer mit chlorierten Koh-

lenwasserstoffen, also mit hochgiftigen Substanzen, in die Seegebiete vor England, Belgien, Holland und Deutschland eingebracht worden sind ... Für die Beurteilung der Belastung, die das Meer durch die Einbringung dieser Abfallstoffe erfährt, ist es im einzelnen notwendig zu wissen, welche Eigenschaften diese Abfälle besitzen, wie groß die insgesamt und pro Zeiteinheit eingebrachten Abfallmengen sind und wo und in welcher Weise diese Stoffe eingebracht wurden. Ferner muß man ergründen, was mit ihnen im Ozean geschieht und wie sie sich in der marinen Umgebung auswirken.«

Die Industrie ist also weder bereit noch dazu verpflichtet, über *alle* Giftstoffe, die sie im Meer verschwinden läßt, Auskunft zu erteilen. So haben die Planer der Konzerne rosa Zeiten für Projekte an der Nordseeküste. Heinz Keune vom Verband der Chemischen Industrie greift denn auch ein Schlagwort auf, das in der ökonomisch orientierten Umweltdiskussion immer häufiger Gebrauch findet: Die Ansiedlung am Meer sei »eine Lebensfrage der chemischen Industrie«. Günstige Transport- und Wasserbeschaffungsmöglichkeiten, die natürlich eine Rolle spielen, werden jedoch allzu einseitig in den Vordergrund geschoben. Denn kaum irgendwo anders können die Abwasser- und Müllprobleme der Werke so dezent geregelt werden wie im anscheinend unendlichen Meer. Direkte Schmutzeinleitungen belasten freilich in erster Linie die Meeresbuchten, wo weitaus verheerendere Folgen als in der offenen See zu befürchten sind.

Dafür ein Beispiel: An der Jade-Bucht (an der auch Wilhelmshaven liegt) baut der schweizerische Konzern Alusuisse zur Zeit ein großes Aluminium-Kombinat, zu dem auch ein Tonerde- und ein Chloralkali-Elektrolyse-Werk gehören. Mit den Abwässern des Betriebes sollen jährlich zwischen 90 und 200 Kilogramm Quecksilber in die Jade-Bucht fließen. Nach Forschungen des Niedersächsischen Wasseruntersuchungsamtes in Hildesheim wird täglich aber nur ein Zweihundertvierzigstel des Jadewassers gegen Wasser aus der freien Nordsee ausgetauscht. Der Alusuisse-Schmutz würde sich also in der Bucht aufstauen. Vor allem Quecksilber dürfte sich an die Sink- und Schwebstoffe des Wassers binden und so den Jade-Bereich nicht mehr verlassen. Das gibt, nach Ansicht von Dr. Jürgen Dörjes vom Institut für Meeresgeologie und Meeresbiologie »Senckenberg« in

Wilhelmshaven, »zu den schlimmsten Befürchtungen Anlaß«. Dr. Dörjes: »Konzentrationsanstieg des Quecksilbers, Überführen des anorganischen Quecksilbers durch Kleinorganismen in organische Verbindungen, Aufnahme dieser durch höhere Organismen und Anreicherung innerhalb der Nahrungsketten bis zu den Endgliedern (Fischen, Krabben und Muscheln), die der menschlichen Ernährung dienen.«

Wenn ein Großprojekt der holländischen Industrie realisiert wird, ist im Mündungsgebiet der Ems – also im Dollart – künftig Baden ohne gesundheitliches Risiko nicht mehr möglich. Die Abwässer von 18 Strohpappe- und zwölf Kartoffelstärkefabriken sollen in einem Druckleitungssystem zusammengefaßt und ungereinigt in die Emsmündung geschleust werden. Die eiweißhaltigen Abwässer aus der Schmutz-Pipeline stellen nach Ansicht der Wissenschaftler einen idealen Nährboden für Krankheitserreger dar. Wind und zerstäubende Wassertropfen würden die Keime wie aus einem Riesenspray in die Luft sprühen.

Die Abwässer der Fabriken entsprechen in ihrer Menge denen von rund 25 Millionen Einwohnern. Deutsche Wasserfachleute – u. a. Professor Günter Rincke (Darmstadt) und Dr. Carl Franz Seyfried (Hannover) – warnen nachdrücklich vor diesem Plan. Bei seiner Verwirklichung müßte folgendes befürchtet werden: In jeder Saison, also während der Erntekampagne der holländischen Landwirtschaft, würden sich 3000 Tonnen Phosphor in die Emsmündung ergießen. Schlagartig setzt die Wucherung von niederen Pflanzen und Bakterien ein. Der Sauerstoffgehalt der Bucht fällt. Bestialischer Gestank überzieht den ganzen Dollart zwischen Emden und Delfzijl. Bei ungünstigen Windverhältnissen können die Dreckschwaden und Abwasserfahnen bis an die Strände von Borkum getrieben werden. Den Muscheln im Dollart steht der Massenexitus bevor. Dr. Wallner, Präsident der Bundesanstalt für Gewässerkunde in Koblenz: »Hier ist also kein Raum mehr für zusätzliche, tiefgreifende Belastungen, wenn nicht deutsche Interessen gravierend geschädigt werden sollen.« Die Fischer an der deutschen wie an der holländischen Küste wären – neben dem Fremdenverkehrsgewerbe – die Leidtragenden dieses Projektes. Für sie steht mit der Schmutzüberflutung des Dollart ein Umsatzvolumen von acht Millionen Mark auf dem Spiel. Auch bei diesem Problem ist die Kostenfrage einzig und allein ausschlaggebend: Wollte man die gigantischen Abwassermengen der holländischen Strohpappe- und Kartoffelstärkefabriken ausreichend reinigen, wäre für die Kläranlagen ein finanzieller Aufwand von fünf bis sechs Milliarden Mark erforderlich.

Ein biologisches Menetekel erschien Tausenden von Urlaubern (vorwiegend aus dem Rhein-Ruhr-Gebiet) im Sommer 1971 an der holländischen Küste, besonders an den Stränden von Zandvoort und Scheveningen. Sie wurden Augenzeuge, zum Teil auch Opfer eines unheimlichen Spuks. »Es war wie im Horror-Film«, gruselte es den »Stern«. Eine Flut riesiger Quallen war an die Sandstrände geschwappt. An derart monströse Quallen (mindestens doppelt so groß wie gewöhnliche Exemplare) konnten sich selbst die ältesten Fischer nicht erinnern. 2500 Touristen, meist Deutsche, die die Quallen berührt hatten, mußten sich in ärztliche Behandlung begeben. Ganze Strandabschnitte waren nach der Qualleninvasion verwaist.

Die plausibelste Erklärung, die Zoologen zum Riesenwuchs der Quallen anzubieten hatten, war schockierend: Möglicherweise hatten Giftstoffe, die in die Nordsee eingeleitet worden waren, bei den Quallen Mutationen, also chemische Veränderungen des Erbgutes ausgelöst. Als erbgutschädigend kommen unter anderem Quecksilber und Blei in Frage, die in reichlichem Maße in die Nordsee geschwemmt werden.

Ostsee

Zu den Meeren, die nach Ansicht des international anerkannten Ozeanographen Professor Jacques Piccard in 25 bis 30 Jahren biologisch tot sein werden, gehört auch die Ostsee. Die Fische und Robben der Ostsee sind heute zehnmal so stark mit dem Schädlingsgift DDT verseucht als ihre Artgenossen in der Nordsee. Nach Berechnungen der Meeresforscher haben sich inzwischen über 476 000 Tonnen Phosphor in der Ostsee angesammelt. Der Sauerstoffgehalt nimmt ständig ab; tiefere Wasserschichten sind stellenweise sauerstofflos. Wo der Sauerstoff schwindet, blubbert Schwefelwasserstoff aus dem Meeresgrund. Die bakteriologische Situation an den Stränden wird immer bedenklicher. Allein aus der Bundesrepublik strömen die häuslichen Abwässer von 1,25 Millionen Menschen in die Ostsee. Fäkalien und Waschmittelreste, Quecksilber und Öle belasten ein nur 422 000 Quadratkilometer großes Gewässer, dessen mittlere Tiefe bei lediglich 55 Metern liegt. Durch den engen Sund zwischen Dänemark und Schweden wird der Zufluß von frischem Salzwasser in die Ostsee stark gehemmt. Schmutz und Gifte, die erst einmal in der Ostsee sind, treiben nicht in den Atlantik hinaus, sondern häufen sich an. Zwar erreichen die Ostsee nicht derart hohe Mengen industrieller Abwässer und Abfälle wie die Nordsee, doch ist dieses Meer und sein biologisches Gefüge noch weitaus anfälliger.

Ein erheblicher Teil der Probleme an der deutschen Ostseeküste werden durch häusliche Abwässer und Schiffsabfälle verursacht. Ausspülungen aus landwirtschaftlichen Nutzflächen (Pflanzenschutzmittel, Kunstdünger usw.) und Gifte aus der Industrie treten dagegen etwas in den Hintergrund. Die Verschlechterung der hygienischen Verhältnisse an den Stränden der schleswig-holsteinischen Renommierbädern muß in erster Linie auf die Fäkalienergüsse der Gemeinden zurückgeführt werden.

Professor Helmut Berndt, Direktor des Instituts für Hygiene der Medizinischen Akademie Lübeck, stellt dazu fest: »Wenn überhaupt Kläranlagen in diesen Gebieten vorhanden sind, so sind sie veraltet und besitzen eine so geringe Kapazität, daß von einer biologischen Abwasserreinigung nicht mehr die Rede sein kann. Vielfach werden die Abflüsse im Küstengebiet ungereinigt abgeleitet. Auch von küstennahen Wohnbezirken und Ansiedlungen gelangen abwasserführende Gräben ohne besondere Reinigung direkt oder auf Umwegen ins Meer ... Ich glaube, es bedarf keines besonderen Hinweises, daß sich damit auch die seuchenhygienische Situation laufend verschlechtert. Mir ist aus Gesprächen bekannt, daß im letzten Sommer (1970) einige Amtsärzte an der Ostsee ernstlich erwogen haben, ob nicht für einige Strandgebiete der Badebetrieb gesperrt werden sollte. ... Wir kennen jetzt den Begriff »Ostseekrankheit« für bestimmte Ostseebezirke, die besonders Kleinkinder betroffen hat. Dabei kam es zu fieberhaften Infekten, die dann Gott sei Dank wieder abklangen, aber doch recht unangenehm waren. Der Erreger konnte trotz eifrigen Bemühens noch nicht gefunden werden. Postuliert wird auch hier ein Virus.«

Der Touristenstrom an die Ostseeküste führt noch zu einer Verschärfung der Mißstände. Professor Berndt: »Die Zahlen beweisen, daß der Kurbetrieb zunimmt und damit auch die Abwasserbelastung größer wird, weil einfach der Ausbau des Abwassernetzes und der Kläranlagen nicht damit Schritt hält. In den nächsten Jahren sehe ich hier eine Gefahr, deren letzte Auswirkung Epidemien sein könnten ...«
Im Sommer 1971 mußte das Gesundheitsamt des Kreises Ostholstein (Eutin) an 17 Abschnitten der Ostseeküste ein Badeverbot erlassen, weil die Verschmutzung durch Abwässer unerträglich und gesundheitsgefährdend geworden war. Einen hohen Gehalt an Harnstoffen weisen die Strände bei Kiel, Priwall und Flensberg auf. Besonders in Priwall und Travemünde, aber auch in Laboe und Grömitz wurden bei bakteriologischen Untersuchungen hohe Keimzahlen ermittelt. Priwall scheint bei dieser Art von Verschmutzung einen Spitzenplatz einzunehmen. In Bülk bei Kiel werden täglich 50 000 Kubikmeter häusliche Abwässer ungeklärt in die Kieler Bucht eingeleitet, ausgerechnet in jenen Meeresteil, der mit Laboe und Schönberg über sehr stark frequentierte Bäder verfügt. Von den 54 000 Tonnen Partikelsubstanz, die jährlich aus Abwässern auf den Boden der Kieler Bucht sinken, stammen ein Viertel von den Bülker Fäkalien. Mit der Nährstoffzufuhr setzt eine Planktonwucherung ein. In der Kieler Bucht bilden sich darüber hinaus große Mengen an Schwefelwasserstoff. Der Sauerstoffgehalt nimmt dagegen mit der Zeit ab. Mindestens 70 Prozent der Phosphorverschmutzung der Ostsee stammt aus fäkalischen Abwässern. Eine Bakterienart, die mit menschlichen Exkrementen in die Ostsee gelangt, kann in Fischprodukten eine Giftwirkung hervorrufen. Mit den phosphorhaltigen Abwässern wurde die Vermehrung der Quallen derart gefördert, daß sie inzwischen zu einer Behinderung für die Fischerei geworden sind. Professor Klaus Graßhoff vom Institut für Meereskunde in Kiel weist noch auf eine andere Schmutzquelle hin: »Es ist ein bodenloser Skandal, was sich manche Ausflugsdampfer und Linienschiffe leisten. Nur wenige Seemeilen vor der Küste wird sämtlicher Abfall in die Ostsee geschüttet.« Allein über 500 Fahrgastschiffe verkehren im Sommer im Seeraum zwischen der Bundesrepublik, Dänemark und Schweden. Pro Tag wirft jedes Schiff zwischen 250 und 400 Kubikmeter Ab-

fälle über Bord. Explosionsartiges Bakterienwachstum kann aber auch in aufgeheiztem Meerwasser vorkommen. Zum Beispiel schleust das Kraftwerk Ost in Kiel jede Stunde bis zu 40 000 Kubikmeter Wasser in die See, das um sechs bis acht Grad erwärmt worden ist.

Im August 1971 startete der Arbeitskreis Umweltschutz der Jungsozialisten Eutin/Lübeck eine Protestaktion gegen die Ostseeverseuchung. An den überfüllten Stränden der Lübecker Bucht riefen die Jusos den Urlaubern den Zustand ihres Badegewässers ins Gedächtnis. Auf Transparenten und Flugblättern warnten die Umweltaktivisten: »Badeverbot – vielleicht schon nächstes Jahr? Ihre Gesundheit ist in Gefahr. Die Ostsee stirbt! Nicht allein durch Industrieabwässer, auch durch die Abwässer der Ostseebäder.« Dem badenden Volk verhießen die Jusos: »Darmbakterien vermiesen Ihnen die Ferien.« Auf das First-Class-Hotel und Tagungscenter »Maritim« anspielend, fragten sie: »Für Baukonzerne Steuermillionen (zum Beispiel »Maritim«), für Kläranlagen . . .«? Die Juso-Forderungen: »1. Bau von biologischen Klärwerken, 2. Stopp der Landschaftsverschandelung durch Bau von Betonklötzen, 3. Verkehrsfreie Zonen im Strandgebiet, 4. Verbot der Müllablagerungen durch ein- und auslaufende Schiffe in die Ostsee.«

Bei den Urlaubern an den Stränden von Haffkrug, Scharbeutz, Travemünde und Timmendorf fand der Juso-Protest großen Anklang. Die Badegäste führten mit den Jungsozialisten Diskussionen, steuerten eigene Erfahrungen über die schmutzige Ostsee bei und lobten den Einsatz der Umweltbrigade. Lautstarke Unterstützung erhielten die Jusos auch aus Richtung Meer. Vor Travemünde demonstrierten die Besatzungen der Fischkutter mit, indem sie Beifall tuteten.

Wesentlich anders fiel jedoch die Reaktion bei Behörden und Politikern aus. Der Zweckverband Ostholstein, der die dortigen Klärwerke betreibt, sah in der Nennung der Fakten und Warnungen eine »verantwortungslose Verunsicherung der Urlauber«. Ein Verbandssprecher: »Offensichtlich scheuen sich die Jungsozialisten nicht, Gefahren an die Wand zu malen, wie sie den ostholsteinischen Bädergemeinden fremd sind.« Eine Geschäftsschädigung zahlreicher Beherbergungsbetriebe werde so heraufbeschworen. Die Junge Union Schleswig-Holsteins unterstellte den Jusos »Urlauber-

Vertreibungsmaßnahmen«. Kurdirektor Gerhard Ehrke (Timmendorfer Strand) aber beschwichtigte: »Gesundheitsamt und die Bädergemeinden würden keinen Augenblick zögern, zum Schutz der Kurgäste ein Badeverbot zu verhängen, wenn gesundheitsgefährdendes Wasser in die Ostsee einlaufen sollte, was allerdings nach Lage der Dinge nicht vorstellbar ist.« Der Bürgermeister der Großgemeinde Haffkrug/Scharbeutz, Bruno Hahn, erklärte lakonisch: »Die Gäste können beruhigt in der Ostsee baden. Bei uns fließt kein Schmutzwasser ins Meer ... Wir behalten uns rechtliche Schritte (gegen die Jusos) vor.« Der CDU-Landtagsabgeordnete Rolf Olderog geißelte »gezielte Presseaktionen«, die schon vor Saisonbeginn eine »Negativwerbung« für die Ostsee besorgt hätten.
Nach dem Lamento der verschreckten Kommunalpolitiker, Kurort-Manager, Verbandssprecher und CDU-Funktionäre befand Schleswig-Holsteins stellvertretender Juso-Chef Gerd Walter: »Die Verantwortlichen sollten eigentlich wissen, daß eine offene Diskussion nur nützlich sein kann. Sie sollten damit aufhören, nur zu versuchen, die steigende Unruhe zu glätten.«
Biologen, Hygieniker und die übrigen Meeresforscher, die sich mit der Verseuchung der Ostsee beschäftigen, sind heute nicht einmal in der Lage, das gesamte Ausmaß der Schäden zu erkennen. Professor Berndt von der Medizinischen Akademie Lübeck bekennt: »Für die an sich notwendigen Untersuchungen fehlen die personellen, apparativen und vor allem auch die räumlichen Voraussetzungen bei Gesundheitsämtern und Fachinstituten. Am wichtigsten, aber auch am aufwendigsten im Küstenvorland ist die Ermittlung vor allem der unbekannten Zuflüsse und der Stellen, an denen verbots- beziehungsweise sogar gesetzeswidrig eingeleitet wird. Über die Verschmutzung in der freien See können wir nur wenig sagen, da uns entsprechende Fahrzeuge nicht zur Verfügung stehen.« Also auch hier: Der allzu geringe Etat für die Forschung macht eine wirkungsvolle Ermittlungsarbeit an der Umwelt-Front beinahe unmöglich. Alle Untersuchungen bleiben Stichproben. Der volle Umfang der Meeresverschmutzung ist unklar geblieben. Um diese Misere zu beenden, müßte ein sehr aufwendiger Forschungsapparat eingesetzt werden. Professor Berndt über die dabei notwendige technische Ausstattung: »Zur Überwachung und Erkennung von Verschmutzungen an Einleitungen und Zuflüssen wäre nach meiner

Erfahrung eine regelmäßige Beobachtung vom Flugzeug zur Unterstützung aller übrigen Maßnahmen unentbehrlich. Durch Farb- und Infrarot-Aufnahmen kann man schon ... einen guten Überblick erhalten.«

Nach Ansicht des Lübecker Wissenschaftlers gibt die Situation an den deutschen Küsten »in seuchenhygienischer Sicht vielfach Anlaß zu Bedenken«. Mit einer weiteren Verschlechterung der Wasserqualität müsse gerechnet werden, wenn Gegenmaßnahmen ausblieben. Professor Berndt fordert neben einer »Bestandsaufnahme der Abwassersituation« den Bau von ausreichenden Abwassernetzen und biologischen Kläranlagen. Und weiter: »Schließlich dürfen neue Kurgebiete – das halte ich fast für das wichtigste –, Ferienzentren und Campingplätze nur dann zum Bau freigegeben werden, wenn eine fachgerechte Abwasserbeseitigung sichergestellt ist. Darüber hinaus wird sich der Bau eines Abwasserfangkanals parallel zur Küste auf die Dauer nicht umgehen lassen.«

Nicht nur häusliche Abwässer, auch zahlreiche chemische Rückstände aus Landwirtschaft und Industrie drohen die Ostsee in ein totes Giftmeer zu verwandeln. Breiten Raum in den Diskussionen der jüngsten Vergangenheit nahmen dabei die chlorierten Kohlenwasserstoffe ein, zu denen auch das Pflanzenschutzmittel DDT zählt. Diese in die Ostsee geschwemmten Substanzen speichern sich im Körperfett der Meereslebewesen und können nur schwer wieder abgebaut werden. Mit der Nahrungskette wird das Gift von Tierart zu Tierart weitergegeben. Raubfische und Seevögel, die kleinere Lebewesen fressen, erleben also eine beträchtliche DDT-Anreicherung. Ein paar Zahlenbeispiele: Kleinkrebs 0,04 Milligramm DDT pro Kilogramm Körpergewicht, Kleinfisch 0,23 Milligramm, Raubfisch 2,07 Milligramm, Möwe bis etwa 18,5 Milligramm, Kormoran 26,4 Milligramm. Geringste DDT-Konzentrationen führen bei einigen Arten von Meeresalgen aber auch zur Drosselung der Photosynthese. Dr. Wolfgang Klausewitz vom Forschungsinstitut Senckenberg: »Da durch diesen biochemischen Prozeß unter anderem der für die Meerestiere notwendige Sauerstoff gebildet wird, muß befürchtet werden, daß ein großräumiger Rückgang der Photosynthese durch die Einwirkung chlorierter Kohlenwasserstoffe für weite Meeresgebiete katastrophale Folgen haben könnte.«

Der DDT-Gehalt wichtiger Ostsee-Fische schwankt zwischen 17

und 31 Milligramm je Kilogramm Körpergewicht, wie Untersuchungen des Naturhistorischen Reichsmuseums Stockholm ergeben haben. Bei den überprüften Fischen der Nordsee wurde eine DDT-Konzentration von 1,5 Milligramm nicht überschritten. DDT-Pegel bei Ostsee-Seehunden: 130 Milligramm, bei Nordsee-Seehunden: 16 Milligramm. Die DDT-Verseuchung, von der in der Ostsee Dorsch, Lachs und Hering besonders betroffen sind, kann bei den Fischen zu Nerven- und Leberschäden führen.
Im Hinblick darauf muß der Verzehr von Ostsee-Fischen als gesundheitliches Risiko eingeschätzt werden. In der Dokumentation »Umwelt 2000« stellen Mitarbeiter des Forschungsinstitutes Senckenberg fest:
»Im menschlichen Körper reichern sich das DDT und die übrigen chlorierten Kohlenwasserstoffe hauptsächlich im Fettgewebe an. Da sie aber auch leicht in Organen mit fettähnlichen Substanzen gespeichert werden können, gelangen diese Gifte in Nervengewebe, Gehirn, Leber, Herzmuskulatur sowie in die Keimdrüsen. Auch im Fettgehalt der Frauenmilch reichern sich das DDT und ähnliche Gifte an. Sogar das ungeborene Kind im Mutterleib weist bereits ungewöhnlich hohe Werte an giftigen Pestiziden auf. Obwohl wissenschaftliche Tests an Versuchstieren ... den Beweis für eine drastische Erhöhung der Sterblichkeit durch Aufnahme sehr geringer DDT-Mengen erbracht haben, lassen sich dennoch diese Ergebnisse nicht ohne weiteres auf den Menschen übertragen. Manche krankhaften Erscheinungen des Zentralnervensystems, bestimmte Formen von Erregungszuständen und Schlaflosigkeit sollen jedoch auf subakute DDT-Vergiftungen zurückzuführen sein.« DDT, das natürlich nicht nur durch Seefische in den menschlichen Körper aufgenommen wird, scheint nun auch in den Verdacht geraten zu sein, an der Entstehung von Hirntumoren, Hirnblutungen und Lebercirrhose beteiligt zu sein. Seit 1969 gilt auch die krebserzeugende Wirkung des DDT als erwiesen.
Eine zweite, sehr ähnliche Gefahr lauert auf den Ostsee-Fisch und damit auch auf den Menschen. Dr. Klausewitz: »Ein chlorierter Kohlenwasserstoff, der aus der PVC-Produktion durch Abwasser der chemischen Industrie in recht beträchtlichen Größenordnungen in das Flußwasser und damit auch in das Meer gelangt, ist das erst kürzlich als Rückstand entdeckte PCB. Diese polychlorierten

Biphenyle weisen eine noch längere Lebensdauer als das DDT auf und wurden schon bei zahlreichen Meerestieren gefunden. Zahlreiche Wissenschaftler haben deutliche PCB-Rückstände in Miesmuscheln, Heringen, Schollen, Dornhaien, Dorschen, Lachsen, Kegelrobben, Seehunden und Fischreihern gefunden. Auch in diesem Fall sind fischfressende Vögel besonders betroffen. In der Ostsee wurde sowohl im Seewasser als auch in den darin lebenden Tieren eine deutliche Zunahme des PCB-Gehaltes von Nord nach Südwest (also in Richtung BRD!) festgestellt.« Der PCB-Gehalt liegt in wichtigen Ostsee-Fischen bei etwa drei bis elf Milligramm je Kilo Körpergewicht (Nordsee: 1,5 bis fünf Milligramm). In den Ostsee-Seehunden ist er doppelt so hoch wie in den Artgenossen der Nordsee.

Die bisher beobachtete Ölverschmutzung der Ostsee hat nur lokalen Charakter und ist im wesentlichen auf größere Häfen und deren Umgebung beschränkt. Die Quecksilbervergiftung der Ostsee und ihrer Lebewesen konzentriert sich ebenfalls auf die Küstengewässer. Der Phosphorgehalt des Ostseewassers, so schätzen Wissenschaftler, hat sich in den letzten 30 Jahren mehr als verdreifacht.

Noch ist die Ostsee nicht in nennenswertem Umfang als Müllgrube der westdeutschen Industrie mißbraucht worden. Ob ihr das auch in Zukunft erspart bleiben wird, muß bezweifelt werden. In dem Handbuch *Umweltschutz für die Ostsee* der Industrie- und Handelskammer Lübeck schreibt Heinz Keune vom Verband der Chemischen Industrie: »Zweifellos verfügt das Meer über große und noch weitgehend ungenutzte Selbstreinigungskapazitäten, und ohne Zweifel gibt es eine Reihe von Abfällen, deren Versenkung ins Meer geringere Umweltschäden für den Menschen verursacht als eine Beseitigung im Binnenland.«

Zeitbombe Müll

Von den rund 50 000 Müllkippen am Rand der westdeutschen Städte und Dörfer können – so ermittelte eine Expertengruppe im Auftrag des Bundesinnenministeriums – ganze 130 »als geordnet angesehen werden«. Diese Müllplätze befinden sich in seuchen- und bodenhygienisch einwandfreiem Zustand. Auf etwa 5000 Halden sind die hygienischen Verhältnisse keineswegs ideal, sondern eher erträglich zu nennen. Wenn der Wohlstandsschutt hier auch einigermaßen unter Kontrolle ist, so erscheinen Verbesserungen doch wünschenswert. Die übrigen 45 000 Müllkippen in der Bundesrepublik stellen ein wildes Sammelsurium an Unrat, Haushalts- und Industrieabfällen, an Giften, Säuren und Schlamm dar. 45 000 Müllgruben und Müllhügel machen die Landschaft kaputt, türmen sich als qualmende und stinkende Barrikaden in den Vororten der Städte auf, durchziehen als Schutt-Schneisen die Erholungsgebiete. Im Müll-Chaos entstehen Explosionen und Selbstentzündungen. Die Abfallhalden verwandeln sich in brennende Giftfackeln. Schwarze Rauchpilze stehen über den Müll-Gipfeln, bestialischer Gestank senkt sich auf Wohnsiedlungen und Wälder. Neben den grauen Nager-Kolonnen, die die Müll-Alpen der Bundesrepublik durchwühlen, sammelt sich anderes Ungeziefer; Myriaden von Insekten, Tiere, die Krankheitserreger übertragen. Das sind die direkt sichtbaren Gefahren, andere lauern im Untergrund der Kippen. Ständig sickern aus dem Müll Gifte und Salze ins Grundwasser. Nicht nur Luft und Landschaft, auch das Trinkwasserreservoir wird verseucht. Die 45 000 verwahrlosten und ungeordneten Müllplätze in der Bundesrepublik sind 45 000 chemische Zeitbomben mitten unter uns: Am Rand von München, Hamburg, Berlin, Duisburg, Osnabrück und Dutzenden von anderen Städten. Denn Müll heißt nicht nur Pappkartons und Coladosen, sondern vor allem Giftrückstände, Schlamm und Schlacken aus der Industrie, also hochgiftiger Abfall aus den Chemie- oder Metallwerken. Skrupellos werden chemische Massenvernichtungswaffen in die Landschaft gekippt, tonnenweise häuft sich ein Giftarsenal an.

1971 wuchs die westdeutsche Müll-Lawine auf 320 Millionen Kubikmeter an, davon waren etwa 80 Millionen Kubikmeter häusliche Abfälle. Nur zwei Drittel des Mülls in der Bundesrepublik werden durch die Müllabfuhr fortgeschafft, der Rest wird ›wild‹ abgekippt und landet irgendwo im Grünen, am Baggersee oder im Fluß. Nur zehn Prozent des gesamten Mülls gelangt in Verbrennungsanlagen, 90 Prozent der Abfälle werden in der Landschaft aufgeschüttet. Die Wohlstandswoge beschert dieser Landschaft unter anderem jedes Jahr rund 270 Millionen Getränkedosen, 1,1 Millionen Autowracks und etwa 30 000 Tonnen abgefahrener Autoreifen. Hausmüll und Autoleichen, Dorn im Auge des Landschaftsästheten, sollten jedoch nicht vom Umwelt-Feind Nummer eins ablenken. Bierdosen und der dahinrostende VW mögen zwar Feld, Wald und Wiesen unansehnlich machen, Luft und Wasser werden dabei jedoch nicht gefährdet. Verglichen mit dem Müll-Ausstoß der Industrie mutet die Diskussion um weggeworfene Trinkbehältnisse oder Papierfetzen als Saubermann-Fetichismus an. Die bundesweite Kampagne »Saubere Landschaft« (Motto: »Sei kein Dreckspatz«) erinnert fatal an die Weißer-als-Weiß-Ideologie, die den Hausfrauen per Werbefernsehen Tag für Tag eingehämmert wird. Der Aufruf »Werfen Sie draußen nichts weg!«, an biedere Wochenendwanderer und spazierende Muttis gerichtet, trifft nicht den wirklich wichtigen Täterkreis. Jedenfalls kann sich die westdeutsche Industrie von dieser Anzeigenaktion eine beträchtliche Ablenkung von ihren eigenen Müll-Vergehen versprechen. Von Pappbechern übersäte Bahndämme müssen gewiß als störend empfunden werden, sie sind aber nur ein winziger, verschwindend geringer Teil des Müll-Problems.

»Jugendwaldeinsätze« und »Waldputztag«, die von der »Schutzgemeinschaft Deutscher Wald« (Präsident: Schleswig-Holsteins früherer Ministerpräsident Lemke, CDU) gern mit »Kindersang und Hörnerklang« inszeniert werden, »veranlaßt von Anstand und Ordnungssinn«, muten als die lächerlichste Anti-Müll-Aktion an – der Weiße Riese im deutschen Tann. Der Effekt kann nur sein, daß die Öffentlichkeit über eine Handvoll Picknickreste in Erregung gerät, also in den Reinlichkeitswahn der Waschmittelwerber verfällt. Hier hat eine Psychose eingesetzt. Der einzelne Müll-Frevler wird zum Umwelt-Gangster abgestempelt; der Hauptschuldige – die Industrie – kann sich in den Hintergrund zurückziehen. Und auch die Stadt- und Kreisverwaltungen, also die Behörden, die das Anwachsen der Müllflut verschlafen haben, keine Verbrennungsanlagen oder Deponien errichtet haben, können beruhigt sein. Mit Parolen wie »Haltet den Wald sauber« lassen sich Umweltaktionen zu einer Art Pfadfinderrenaissance umpolen. Ein paar Lastwagen mit Papier, Gerümpel und Flaschen, die man bei Waldsäuberungen vorweisen kann, sollen wohl jene zwölf Millionen Tonnen Müll vergessen lassen, die jährlich allein bei der chemischen Industrie anfallen. Von dieser Menge sind allein 2,4 Millionen Tonnen reine Giftsubstanz.

Opas Naturschutz, jene so oft totgesagte Forst-und-Heide-Romantik, ist quicklebendig. Jedenfalls in der »Schutzgemeinschaft Deutscher Wald«, die sich als rechtsorientierte Hilfstruppe der Industrie entlarvt. Schon die Namen der Landesvorsitzenden dieser »Schutzgemeinschaft«, die sich mehr für die Industrie als für die Umwelt engagieren, bürgen für Ordnungssinn: Bayerns Landtagspräsident Hanauer (CSU), Rheinland-Pfalz' Exministerpräsident Altmeier (CDU), Saarlands Landeschef Röder (CDU), Bundestagsmitglied und SPD-Rechtsaußen Schmitt-Vockenhausen, Hüttendirektor Dr. Cordes, Generaldirektor Pleister (Hannover). Das rechte Umweltbündnis, das die »Liebe zu Bäumen« proklamiert, verschleiert die Vergiftung von Luft und Landschaft. Statt präziser Umweltfakten bietet der »Informationsbrief« dieses industriefreundlichen Zirkels Erbauliches – wie zum Beispiel den Gottfried-Keller-Spruch: »Schöner Wald in treuer Hand, lobt das Aug und schirmt das Land.« Liest man die Verbandszeitschrift »Unser Wald«, erscheint die »Schutzgemeinschaft« endgültig als Industrielobby. Enthusiastisch wird die Umweltplanung der Deutschen Shell AG als »beispielhaft und großzügig« gelobt, ebenso wie Esso und Gelsenkirchener AG. Im Hinblick auf Shell-Projekte schwärmen die Waldschützer von der »Eintracht zwischen Landschaft, Siedlung und Industrie«. Welche Funktion die »Schutzgemeinschaft« aber weiter (wenn auch diskret) wahrnimmt, deutet die Oktober-Ausgabe 1971 des Verbandsblattes an. Hier läßt sich ahnen, welche Interessen wirklich vertreten werden, heißt es doch: »Der private Waldbesitzer darf nicht der Dumme sein ... Der Wald darf nicht in seiner gewerblichen Funktion, Holz zu erzeugen, gehemmt werden.« Also: Schutz für den Wald vor Müll und Unrat, nicht damit ein Erholungsraum erhalten bleibt, sondern damit der Holzhandel gut floriert.

Der explosionsartige Müll-Boom, der in jedem einzelnen Haushalt stattgefunden hat, setzte natürlich mit den veränderten Konsumgewohnheiten in der Bundesrepublik ein, deren Urheber die Industrie ist. Die Schwemme an Verpackungsmaterial, von der Industrie mit psychischem Werbeterror eingeleitet, ist der tägliche Beitrag der Wirtschaft zum Müll-Problem. Die Müll-Berge in den Vorstädten vermögen den gigantischen Profit der Unternehmen nur anzudeuten. Von 1950 bis 1970 hat sich der Umsatz der bundesdeutschen Verpackungsindustrie verzwölffacht. Die Kunststoffproduktion wuchs in diesem Zeitraum um das Vierzigfache an, der Papierverbrauch vervierfachte sich immerhin.

Schlüsselt man die 290 Kilogramm Hausmüll einmal auf, die jeder Durchschnittsverbraucher in der BRD jährlich in die Mülltonne wirft, so werden die Erfolge der Verpackungsmittelindustrie offensichtlich. Die Müll-Hinterlassenschaft besteht aus 68 kg Asche, 75 kg Papier und Pappe, 63 kg Metall und Keramik, 22 kg Glas, 14 kg Textilien, 11 kg Kunststoffe und 37 kg organischen Abfällen. Die Verpackungsindustrie hat allen Grund zum Optimismus; bis 1980 rechnet sie mit einer Verdoppelung ihres heute schon riesigen Umsatzvolumens.

Ob Ballungsgebiet oder Bauernland – in keinem Teil der Bundesrepublik ist die Müll-Frage zufriedenstellend gelöst worden. Insgesamt bestehen 35 Müllverbrennungsanlagen, in denen die Abfälle von 13 Millionen Westdeutschen (gut ein Fünftel der Gesamtbevölkerung) verglühen. Allerdings lösen sich die Müllmassen nicht vollständig in Rauch auf, ihr Umfang schrumpft in den Flammen auf etwa ein Fünftel zusammen.

Über das Ausmaß des Müll-Notstandes noch ein paar Detailangaben: 1971 unternahmen Beamte des baden-württembergischen Innenministeriums eine Inspektionsreise zu 3416 Müllkippen im Lande. Die Müllbeschauer, die zwischen Odenwald und Bodensee ausschwärmten, kehrten mit Hiobsbotschaften ins Suttgarter Ministerium heim. Nur 15 Müllplätze waren in einem ordnungsgemäßen und einwandfreien – also umweltfreundlichen – Zustand. Der weithin als besonders sauber geltende Südweststaat hatte demnach 3401 Müllgruben, die der Boden- und Lufthygiene schadeten. Nur der Müll von 2,2 Millionen Einwohnern wird auf ausreichend leistungfähigen Abfallplätzen bzw. in Verbrennungs- und Kompostierungsanlagen beseitigt. Der Müll der übrigen sieben Millionen Menschen, die in Baden-Württemberg leben, vergammelt in der Landschaft und gefährdet Atemluft, Boden und Trinkwasser. Nach dem Schock, den die Müllrazzia in Stuttgart hinterließ, verfügte Innenminister Walter Krause (SPD) die Schließung von 1700 Kippen, also der Hälte der überprüften Abfallager. Innerhalb von zwei Jahren sollen diese umweltbelastenden Müllplätze von der Bildfläche verschwinden. Fast alle der restlichen 1700 Halden müssen erhebliche Verbesserungen erfahren. Der Alarm seiner Mülldetektive veranlaßte Minister Krause zu einem landeseigenen Abfallgesetz. Seine Kernsätze: »Abfälle sind so zu beseitigen, daß das Wohl der Allgemeinheit nicht beeinträchtigt wird, insbesondere Recht und Ordnung nicht gestört werden. Es ist sicherzustellen, daß die Gesundheit von Mensch und Tier nicht gefährdet wird. Die Erfordernisse der Reinhaltung der Gewässer, der Luft, des Bodens sowie der Lärmbekämpfung sind zu beachten und die Belange der Raumordnung und Landesplanung, der städtebaulichen Ordnung, des Naturschutzes und der Landschaftspflege sind zu wahren.«

Das Gesetz sieht Gefängnisstrafen von bis zu zwei Jahren für den vor, der Müll außerhalb zugelassener Anlagen ablädt bzw. Müllplätze unsachgemäß betreibt und damit Leben und Gesundheit anderer in Gefahr bringt. Ein Freiheitsstrafe von einem Jahr droht Tätern, die fahrlässig handeln. Ordnungswidrigkeiten werden mit Geldstrafen bis zu 50 000 Mark geahndet. Für den Vollzug sind die Wasserbehörden zuständig.

In Bayern, wo 77 Prozent der Bevölkerung an die Müllabfuhr angeschlossen sind, haben die Müllverantwortlichen ebenfalls beträchtliche Rückstände und Versäumnisse aufzuarbeiten. Nur der Abfall von 2,8 Millionen Einwohnern (bei einer Gesamtbevölkerung von fast elf Millionen) wird ohne Umweltschädigung beseitigt – durch Verbrennung, Kompostierung oder in geordneten Deponien. Müllanlagen dieser Art, die das Umweltrisiko mindern, sind in 185 bayerischen Gemeinden vorhanden. Das behauptet jedenfalls das Münchener Landesentwicklungsministerium, wobei zwangsläufig die Frage aufkommt, welche Maßstäbe (im Vergleich zu anderen Untersuchungen) angelegt wurden. In 6900 Dörfern und Städten Bayerns hat sich die unkontrollierte Abfallkippe gehalten. Müllberge, die mit jedem Tag weiter in die Landschaft hineinwuchern.

Im Hinblick auf die Müllsituation könnte München beinahe als Renommierbeispiel erscheinen. 1970 fielen hier 2,54 Millionen Kubikmeter Hausmüll an; fünfmal mehr als 1955. Industrie- und Sondermüll machten zusammen 344 000 Kubikmeter aus, Sperrmüll 86 000 Kubikmeter. Die Müllawine aus den Münchner Haushalten gelangt zu 95 Prozent in Verbrennungsanlagen. Nur fünf Prozent der Abfallmenge werden in einer Deponie gelagert. Der Industriemüll wird aber nur zu 31 Prozent verbrannt, 69 Prozent schüttet man auf Müllplätze. Ziel zahlreicher Mülltransporte ist immer noch die Riesenhalde in Großlappen im Münchner Norden. Etwa sechzigmal im Jahr gerät dieser Abfallhügel in Brand, tiefschwarze Qualmwolken treiben dann übers Land. Auch das Münchner Stadtentwicklungsreferat stuft diesen Müllvesuv als »problematisch« ein: »Diese Kippe kann nur sehr bedingt als geordnete Deponie angesprochen werden ... Aussickerungen von verunreinigenden Stoffen in das hoch anstehende Grundwasser sind nicht ausgeschlossen.« Den Umweltstrategen Münchens mutet die Kippe geradezu »besorgniserregend« an.

Das Stadtenwicklungsreferat rechnet bis 1980 mit folgenden Steigerungsraten: Hausmüll plus 40 bis 60 Prozent, Industriemüll plus 20 Prozent, Sondermüll plus 70 Prozent, Sperrmüll plus 50 bis 70 Prozent.

Der SPD-Landtagsabgeordnete Georg Kronawitter forderte 1971 eine sorgfältigere Überprüfung der bayerischen Müllplätze. Kronawitter: »Es werden immer noch mehr als drei Viertel der Abfallstoffe auf primitivste Art und Weise und ohne besondere Vorsichtsmaßnahmen im freien Gelände deponiert. Viele der Tausende von Müllplätzen in Bayern entsprechen nicht entfernt den gesetzlichen Vorschriften. Ungeordnete und unkontrollierte Ablagerungen führen häufig zu unerträglichen Geruchsbelästigungen für die Anwohner. Sie sind eine Brutstätte für gesundheitsgefährdende Schädlinge. Sie verschandeln die Landschaft und bilden oft schwer zu bekämpfende Brandherde.« Nach Angaben Kronawitters besteht für fast 50 Prozent der bayerischen Bevölkerung keine geordnete Abfuhr und Sammlung von Müll. Der SPD-Abgeordnete widerspricht damit der Müllstatistik des Landesentwicklungsministeriums. Die Landesregierung forderte Kronawitter auf, dem Beispiel Baden-Württembergs zu folgen und eine Sanierung der Müllanlagen einzuleiten. Besonders sorgfältig müsse die Ablagerung der Sonderabfälle von Industrie und Gewerbe überprüft werden. In Hessen rollt der Müll von 2,4 Millionen Einwohnern zu geordneten Deponien beziehungsweise Verbrennungsbunkern. Der Abfall von mindestens 2,9 Millionen Hessen in 2400 Gemeinden türmt sich auf Kippen auf, deren hygienische Verhältnisse höchst zweifelhaft sind. Es handelt sich, so das hessische Landwirtschaftsministerium, dabei um Müllgruben, »die durchweg weder im Hinblick auf den Landschafts- und Immissionsschutz allen Ansprüchen genügen.« Im Rhein-Main-Gebiet und im hessischen Ried haben ebenso clevere wie rücksichtslose Unternehmer etwa 10 000 Kiesgruben in die Landschaft gebaggert. Nachdem die Sand- und Kieskrater ausgepowert waren, nachdem die Baustoffbarone ihren Profit eingefahren hatten, blieb eine zerfräste und zerfressene Mondlandschaft zurück. Der hemmungslosen Ausbeutung der Bodenreserven folgte nicht einmal eine Landschaftskultivierung in Ansätzen. Die verlassenen Kiesgruben wurden stattdessen als wilde Müllkippen benutzt. Die Ufer der Baggerseen fielen einer Ratteninvasion zum Opfer, Schutt und Abfall bedeckten die Hänge. Das hessische Landwirtschaftsministerium stellt fest: »Hierdurch wurde das Grundwasser in starkem Maße direkt gefährdet.«

Über die katastrophalen Zustände im Müllbeseitigungssystem des Ruhrgebietes klärte eine Untersuchung des Siedlungsverbandes Ruhrkohlenbezirk (SVR) auf, die Anfang 1972 veröffentlicht wurde. Im industriellen Ballungsraum zwischen Duisburg und Dortmund werden erst vier Prozent aller Abfälle »ordnungsgemäß« – also ohne Umweltschäden zu verursachen – beseitigt. Im Ruhrgebiet (5,6 Millionen Einwohner) fallen jährlich 21 Millionen Tonnen Müll an, davon drei Millionen Tonnen aus dem kommunalen Bereich und 18 Millionen Tonnen aus Industrie und Gewerbe. Nur 850 000 Tonnen können einwandfrei und ohne die Umwelthygiene zu stören beseitigt werden. Dafür stehen fünf Deponien, zwei Verbrennungsanlagen und eine Müllkompostierung zur Verfügung. 96 Prozent des Mülls im Ruhrrevier häufen sich auf mindestens 80 wild wuchernden Kippenhalden. Gutes Wasser und gute Luft, an der Ruhr ohnehin schon knapp, sind weiterer Verschmutzung ausgesetzt. Ein Ansteigen der Müllflut ist vorauszusehen; 1980 darf man allein mit 4,25 Millionen Tonnen häuslichen Abfalls rechnen.

Um den Müllnotstand im Kohlenpott zu lindern, sind (so der SVR) in den kommenden acht Jahren Investitionen in Höhe von 140 Millionen Mark notwendig. Auf dem Sektor Abfallbeseitigung müssen mindestens 17 Großprojekte verwirklicht werden: Müllkombinate, in denen der Abfall verbrannt und kompostiert wird oder ständig überwachte Deponien mit großer Aufnahmekapazität.

Müllsorgen kennt auch das wald- und rebenreiche Rheinland-Pfalz. In einem hygienisch bedenklichen Zustand befinden sich fast alle der rund 5000 Müllkippen dieses dünn besiedelten Bundeslandes, die in der Zukunft von 95 zentralen Deponien abgelöst werden sollen. Nur unzureichend organisiert ist der Abtransport des Mülls: Beispielsweise sind im Regierungsbezirk Trier fast 40 Prozent der Bevölkerung noch nicht an die Müllabfuhr angeschlossen.

Nicht nur, daß die Bundesrepublik an ihren eigenen Müllmassen erstickt; Nachbarländer beschicken Westdeutschland mit weiterer Abfallfracht. 1970 spedierten Firmen aus dem Ausland mindestens 38 000 Tonnen Müll über die Grenzen. 13 700 Tonnen wurden aus der Schweiz herangekarrt und entstammten der dortigen pharmazeutischen Industrie (vor allem Ciba-Geigy, Sandoz, La Roche). 6600 Tonnen Müll rollen aus Frankreich herbei, über den holländischen Anteil sind nicht einmal Mengenangaben bekannt. Jedenfalls werden fast 31 000 Tonnen des Auslandmülls sachgemäß abgelagert oder verbrannt, mehr als 7000 Tonnen werden wild in die Landschaft gekippt. Zu diesen Ladungen zählen Kalirückstände, Zinkschlamm und Salmiakschlacken – also umweltgefährdender Industrieschutt.

Ein groß angelegter Werbefeldzug, verbunden mit Parolen wie »Ex und hopp«, verhalf der Glasindustrie zu weiterer Expansion, den Müllvernichtungsbetrieben zu einer ausufernden Glaslawine. Die Propaganda galt der Einwegflasche, aus der bald jeder Deutsche sein Bier zu trinken hat. Der neuerliche Coup der Industriewerber zeigte rasch Erfolge. Bereits 1970 kamen etwa 800 Millionen Einwegflaschen unters Volk – und anschließend auch gleich in die Mülleimer. Machen die Glasabfälle auch zur Zeit nur sieben Prozent des gesamten Müllgewichts aus, so widerstehen die Flaschen doch im Gegensatz zu manchen anderen Abfallarten den natürlichen und technischen Vernichtungsmitteln bei der Müllbeseitigung. Sie

beanspruchen unverhältnismäßig mehr Platz in den rar werdenden Müllgräbern; es sei denn, man zerkleinert das Glas vorher sehr gründlich.
So urteilt denn Professor Aurand vom Bundesgesundheitsamt: »Die Einwegflasche ist ein asoziales Ding. Der Hersteller spart Kosten für Rücktransport und Spülen, die Allgemeinheit zahlt mit der Belastung von Halden aus Glassplittern. – Steuern drauf!«
Professor Hans Straub (Baden-Baden) kann nur beipflichten: »Die Einwegflasche, ob aus Kunststoff oder aus Glas, ist eine erhebliche Beeinträchtigung für die Abfallbeseitigung. Die allgemeine Einführung, ausgenommen Sonderzwecke, sollte verhindert werden.« Bei einem Hearing über Müllprobleme, veranstaltet vom Innenausschuß des Bundestages, erklärte Professor Straub, Generalsekretär der Arbeitsgemeinschaft für Abfallbeseitigung, er halte den Aufwand für Verpackungsmethoden aller Art für »nicht mehr vernünftig« und auch »durch hygienische Gründe nicht mehr gerechtfertigt«. Der Müllforscher: »Ich halte es für eine wichtige Aufgabe des Bundes, die Erzeugung umweltschädigender Produkte, selbst unter Einschränkung angeblicher Bedürfnisse, zu beschränken.«
Alle Einwände gegen die Einwegflasche vermögen die Industrie nicht zu beeindrucken. BASF-Direktor Rudolf Gaeth betonte auf dem Bonner Müll-Hearing, daß die Abfallbeseitigung nicht nur ein hygienisches, sondern auch ein kalkulatorisches Problem sei. Die Kritik an der Einwegflasche wies Gaeth zurück; sie berücksichtige nicht »die volkswirtschaftlichen und handelspolitischen Probleme«. Der der Glasindustrie eng verbundene Professor Gerhard Rose enthüllte auf einer internationalen Tagung der Glashersteller: »Bei ... psychologisch richtiger Führung wird es nicht des Wechsels einer Generation, aber schätzungsweise immerhin eines Jahrzehnts bedürfen, bis es für den Endverbraucher selbstverständlich ist, die geleerte Glasflasche in den Mülleimer zu werfen wie eine geleerte Sardinenbüchse.«
Auch viele Arten von Kunststoffmüll stellen eine Umweltbedrohung dar. Sie verrotten nicht und lassen sich kaum zersetzen. Diese Eigenschaften haben zum Beispiel Polyvinylchlorid (PVC) und Polystyrol. Gerade PVC findet als Folie (u. a. bei Lebensmitteln) und Bodenbelag Verwendung. Selbst beim Einsatz eines Milliardenheeres an Mikrolebewesen, die Abfall sonst schnell zersetzen, blei-

ben diese Stoffe auch nach fünf Jahren noch unversehrt. Schwerwiegender noch ist eine andere Gefahr: Bei der Verbrennung von PVC-Müll in den riesigen Müllöfen der Städte entweicht gasförmige Salzsäure in die Luft. Beim Verbrennen von 100 Kilogramm PVC entstehen 55 Kilogramm Chlorwasserstoff, die zusammen mit der Luftfeuchtigkeit Salzsäure bilden. Die Salzsäure, die aus den Kaminen der Verbrennungsanlagen auf die Städte schwebt, schädigt Lungen und Haut. Als purer Hohn mutet da das Versprechen von BASF-Direktor Heinz Leib an: »Nichts ist leichter, als Kunststoffe zu verbrennen.«

Dreitausend Menschen protestierten in Heidelberg gegen den Plan, im Stadtteil Wieblingen eine Müllverbrennungsanlage zu errichten. Neben einer Welle von Gestank fürchteten die Bürger weitere Auswirkungen der Müllverfeuerung. Der Heidelberger Professor Schwindling hatte ihnen nämlich vorgerechnet: Wenn in Wieblingen täglich 4,2 Tonnen PVC verbrannt würden, könnte die Luft mit zwei Millionen Liter Salzsäure vergiftet werden. Wissenschaftler des Deutschen Krebsforschungszentrums in Heidelberg fragten überdies, ob nicht bestimmte Substanzen in hoher Konzentration – wie sie in der Umgebung von Verbrennungsanlagen anzutreffen sind – krebsfördernd wirken.

Auch das Münchner Stadtentwicklungsreferat warnt vor dieser Umweltgefährdung durch Kunststoffe sehr nachdrücklich: »Die Zunahme des PVC-Anteils im Müll wird auf etwa 400 Prozent bis 1980 geschätzt. Dies bedeutet einen täglichen Salzsäureausstoß in die Luft von acht Tonnen. Da die Müllverbrennung in München an zwei Standorten konzentriert ist, kann diese Emission je nach Wetterlage zu empfindlichen Schäden führen.« Die Münchner Umweltbehörde fordert daher ein Verbot der PVC-Kunststoffe. Zu bedenken ist hier auch, daß die Salzsäure nicht nur in die Luft entströmt, sondern auch am Material im Innern der Verbrennungsanlagen Schäden anrichtet. Professor Friedrich Schäfer, stellvertretender Vorsitzender der SPD-Bundestagsfraktion, hofft, daß die Wirtschaft zu einer Änderung ihrer Kunststoffproduktion bereit ist: »Aber wir sind überzeugt, daß die Industrie auch schnell neue Stoffe entwickeln kann, die die gleichen Qualitäten haben, aber bei der Beseitigung nicht solche Schwierigkeiten machen, wie etwa heute das PVC.« Bei der einseitigen Ausrichtung der chemischen Industrie auf ökonomische Maximen erscheinen Hoffnungen dieser Art mehr als Wunschtraum. Das Bonner Hearing über Müllfragen zeigte sehr deutlich, daß der Industrie an einer umweltgerechten Beseitigung ihrer Abfälle wenig gelegen ist. Lapidar stellte BASF-Direktor Leib in Bonn fest, daß eine Umarbeitung des Chemiemülls auf wiederverwendbare Stoffe »nur in wenigen Fällen möglich und meist teuer ist«. Stattdessen plädierte der Chemiemanager für andere Praktiken: Müllversenkung im Meer, Verbrennen auf hoher See und Einbringen in Salzstollen oder Bohrlöcher.

Während sich der Haushaltsabfall in den nächsten fünf Jahren verdoppeln dürfte, steigt die Menge des Industriemülls in der Bundesrepublik um 50 Prozent. Das Gesamtvolumen des 1980 anfallenden Mülls kann, so schätzen die Wissenschaftler, zu etwa 50 Prozent aus Kunststoff bestehen. Die Müllexperten rechnen damit, daß aus den Zehntausenden von Abfallkippen in Westdeutschland zur Zeit jährlich zwischen 330 000 und 400 000 Tonnen Salze ins Grundwasser einsickern. Um die gesamte Müllbeseitigung neu zu ordnen, sind nach Ansicht von Dr. Ulrich Doose vom Deutschen Städtetag etwa zehn Jahre notwendig. Die laufenden Kosten für alle Müllmaßnahmen lagen 1971 etwa bei einer Milliarde Mark. Vermutlich sind in der nahen Zukunft pro Jahr drei bis vier Milliarden Mark aufzuwenden, um der Müllschwemme Herr zu werden.

Zügig wird in der Bundesrepublik ein ganzes Netz von Versuchsreaktoren und Kernkraftwerken aufgebaut. Damit schiebt sich die Frage nach dem Verbleib und der Gefahr des Atommülls immer mehr in den Vordergrund. Eine Umweltdokumentation des Frankfurter Forschungsinstituts Senckenberg beantwortet sie mit einem drastischen Beispiel: In einem mittleren Reaktor sammelt sich in einem halben Jahr eine Menge an Strontium 90 an, die eine 150-fache stärkere Strahlungswirkung hat als die Atombombe von Hiroshima (über 100 000 Tote)!

Eine radioaktive Katastrophe wäre in Sicht, würde man den Reaktormüll in Metallbehälter abfüllen und irgendwo vergraben oder ins Meer versenken. Nach spätestens 60 Jahren würden diese Behälter undicht oder zerstört sein. Eine Verseuchung des Grundwassers oder der Ozeane könnte beginnen.

1971 waren in der Bundesrepublik 26 Nuklearanlagen in Betrieb. Für den radioaktiven Abfall glauben Wissenschaftler und Behörden

ein sicheres Depot gefunden zu haben: das stillgelegte Salzbergwerk Asse bei Wolfenbüttel in Niedersachsen. Tausende von Fässern mit Atommüll werden in die Salzschächte tief unter der Erde versenkt. Die Forscher hoffen, daß damit die Gefahr einer atomaren Verseuchung ausgeräumt ist. Die Salzkavernen bilden einen Strahlenpanzer und nach Ansicht der Geologen auch einen Schutzschirm gegenüber dem Grundwasser. Die Brennelemente zerfallen aber erst nach sehr langer Zeit. Daher muß von ihrem Ablagerungsort erwartet werden, daß er mindestens 1000 Jahre so bestehen bleibt, wie ihn die Wissenschaftler heute kennen. Für die Salzstollen bei Wolfenbüttel dürfte das zutreffen, wie Untersuchungen und Studien ergeben haben. Sollten sich aber die Geologen und Strahlenforscher geirrt haben ... Die Folgen einer nuklearen Verseuchung aus der Tiefe sind unabsehbar. Denn bis zum Jahre 2000 soll das stillgelegte Salzbergwerk Asse etwa 250 000 Kubikmeter radioaktiver Rückstände aufnehmen. Wenn auch die Salzschächte in Niedersachsen als verhältnismäßig sicheres Verließ für den Atommüll gelten, so darf nicht vergessen werden: Sie müssen ihre Schutz- und Abschirmfunktion mindestens über ein Jahrtausend hinweg wahrnehmen. Bei diesem Blick in die Zukunft fühlen sich weder Wissenschaftler, Behörden noch Politiker so recht wohl. Nach Auffassung des Bundesinnenministeriums sollen denn auch die »Methoden zur sicheren Endlagerung« des radioaktiven Abfalls »weiterentwickelt und den steigenden Anforderungen der kerntechnischen Entwicklung angepaßt« werden.
Sowjetische Physiker gehen sogar so weit, den Weltraum als den einzig sicheren Ort für die Beseitigung von Nuklearmüll zu bezeichnen. Da die Menge radioaktiver Reste in der Zukunft stark ansteigen wird, könnten solche Vorschläge, die heute noch einen leichten Hauch von Science-fiction haben, in wenigen Jahren realisiert werden.
Alle Illusionen vom Verantwortungsbewußtsein der Industrie und der nachgeordneten Kleinunternehmer bei den Praktiken der Giftmüllbeseitigung wurden im Jahre 1971 mit einer Serie von Skandalen schlagartig fortgefegt. Die Maske der Umweltfreundlichkeit, um die sich die Wirtschaft vorsorglich bemüht hatte, fiel herab. Hinter dem hohlen Umweltpathos wurde die tagtägliche Umweltkriminalität sichtbar. Jene bei weiten Teilen des Unternehmertums

latent vorhandene Bereitschaft, für die bestmögliche Profitspanne den Lebensraum des Menschen aufs Spiel zu setzen. Ins Zwielicht rückten auch zahlreiche Politiker und Behörden.

Auf einer Müllkippe bei Hamburg wurden im Februar 1971 insgesamt 76 Fässer mit giftigen Rückständen eines Schädlingsbekämpfungsmittels entdeckt. In der Nähe dieser Giftgrube arbeitet ein Wasserwerk, das das hier reichlich vorhandene Grundwasser nutzt. 3500 Tonnen Arsenschlamm der Zinkhütte Nievenheim gelangten nicht, wie ursprünglich vorgesehen, in die sicheren Stollen eines Bergwerks bei Peine, sondern wurden auf knapp 20 Abfallhalden vornehmlich in Nordrhein-Westfalen abgekippt.

Der Müllcoup Nummer drei sprengte jedoch alle Dimensionen: Auf einem Müllplatz im Bochumer Vorort Gerthe fanden sich nahezu 20 000 Fässer mit Natrium-Cyanid, das in Verbindung mit Wasser – Grundwasser! – Blausäure bilden kann. Die Firma Orm-Bergold hatte gehofft, diese Riesenladung Giftmüll in den Abfallmassen der Gerther Kippe verschwinden lassen zu können. Im August 1971 hatten Mitarbeiter der DKP-Wochenzeitung »Unsere Zeit« den Bochumer Müllskandal aufgedeckt. Das Ausmaß der Gefahr wurde schnell sichtbar. Beispielsweise hatte der Giftmüll der Abfallkippe Verbindung zu zwei Bächen, aus denen Blausäurekanäle hätten werden können. Um das Cyanid (Rückstände von Härtemitteln aus der Metallindustrie) bergen zu können, war ein tagelanger Katastropheneinsatz nötig, an dem sich neben Feuerwehr, Polizei und technischen Hilfsorganisationen auch 265 Pioniere der Bundeswehr beteiligten. Kosten der gesamten Aktion: rund vier Millionen Mark.

Dabei hätten die Cyanidfässer von Bochum schon ein halbes Jahr vorher abgeräumt werden können. Anlieger der Kippe in Gerthe hatten schon im Februar das Chemische Untersuchungsamt der Stadt Bochum gewarnt. Sie hatten nämlich auf dem Teich der Kippe Fässer mit der Aufschrift »Vorsicht Gift« schwimmen gesehen. Die tatsächliche Gefahr war von den Behörden aber nicht erkannt worden. Das Bochumer Ordnungsamt schüttete lediglich ein paar Tonnen Eisensulfat – als Neutralisierungsmittel – in den schlammigen Kippengrund.

Dem Bochumer Müllfiasko folgte eine ganze Welle von ähnlichen Entdeckungen. Cyanidabfälle fand man unter anderem in Menden

(Sauerland), im Kreis Olpe, bei Hannover und Wetzlar. Das bei Wetzlar abgekippte Cyanid stammte offenbar von der Hessischen Berghütte (Flick-Konzern). Hier drang das Gift bis zum Grundwasser vor; zeitweise mußte ein nahegelegenes Wasserwerk stillgelegt werden. In den Gebieten um Osnabrück und Tecklenburg sorgten andere Giftsubstanzen für Unruhe: Auf sechs Müllkippen waren große Mengen Parathion (ein Insektenvertilgungsmittel) entdeckt worden.

Die Ablagerung von giftigem Müll führte auch dazu, daß bei Wetter, Ennepe-Ruhr-Kreis, vier Familien evakuiert werden mußten. Ihre Häuser lagen in der Nähe einer privaten Abfallgrube, in die 200 000 Tonnen ammoniumhaltiger Rückstände aus der Aluminiumherstellung geschüttet worden waren. Zwei Firmen aus Essen und Wuppertal hatten den gefährlichen Industriemüll herangeschafft. Mediziner des Hygieneinstituts Gelsenkirchen stellten am Tatort in Wetter fest: Die Gase aus diesem Abfallgebirge können nach fünfzehnminütigem Einatmen zum Tod führen.

Bei Mainflingen im Landkreis Offenbach beabsichtigt der Degussa-Konzern bis zu 30 000 Tonnen giftiger Rückstände von Härtesalzen abzulagern. Zuständig für diese Transaktion war die Degussa-Tochterfirma NUKEM. Als sie jedoch ihr Müllprojekt bei den zuständigen Wasserbehörden in Offenbach anmeldete, legten die Beamten sofort ihr Veto ein. Der Industriemüll sollte nämlich unmittelbar neben einem Erholungsgebiet (See, Campingplatz usw.) angehäuft werden. Eine wirklich schadlose Beseitigung der Abfälle sei, so ließ ein Firmensprecher durchblicken, mit einem »enormen« Kostenaufwand verbunden.

Anfang Februar 1972 orteten die Wissenschaftler wieder arsenhaltigen Schlamm im Rhein-Ruhr-Gebiet. Er war illegal auf zwei Duisburger Müllkippen gebracht worden. Bohrungen des Chemischen Untersuchungsamtes Duisburg alarmierten die Bevölkerung. Im Wasser des Kippenuntergrundes konnten Arsenspuren nachgewiesen werden. Nach Angaben von Dr. Schneider, dem Leiter des Untersuchungsamtes, stammen die Giftladungen mit »ziemlicher Sicherheit« vom Duisburger Chemiewerk Curtius. Bereits im Vorjahr hatte Duisburgs Stadtdirektor Elmar Oehm im Hinblick auf die Müllbeseitigungspraktiken der Industrie geäußert: »Wir müssen unterstellen, daß die alles richtig machen.« Daß sie eben nicht alles

richtig machen, haben die Duisburger in der eigenen Stadt zu spüren bekommen. 1971 waren Gespräche der Duisburger Stadtverwaltung mit Vertretern der Industrie über Fragen der Müllvernichtung gescheitert. Die Industrie verweigerte Auskünfte über Menge und Zusammensetzung ihrer Abfälle.
Skeptisch müssen auch die Müll-Lagerungsmethoden der BASF stimmen. Der Ludwigshafener Chemieriese transportiert seinen Abfall mit Schiffen auf die 30 Kilometer entfernte Rheininsel Flotzgrün zwischen Speyer und Germersheim. Auf der 240 Hektar großen Insel, nur wenige hundert Meter von einem Naturschutzgebiet entfernt, landen jährlich 400 000 Tonnen BASF-Müll.
Welche Spätfolgen eine unkontrollierte Aufschüttung von Müll haben kann, mag ein Beispiel aus der Nähe Kölns zeigen. In einer schon mit Erdreich planierten Kippe entzündeten sich Faulgase und verursachten eine Explosion. Dabei stürzten die Mauern eines Kindergartens ein, der auf diesem Gelände entstehen sollte.
Die 15 Hektar große Müllkippe bei Gerolsheim in der Pfalz erschien dem rheinland-pfälzischen Landwirtschafts- und Umweltminister Otto Meyer (CDU) als »sicherster Ort zur Beseitigung von Industriemüll«. Das Urteil des Ministers bestätigte nur die Entscheidungen, die das Landratsamt Frankenthal, das Landesamt für Gewässerkunde und das Wasserwirtschaftsamt Neustadt/Weinstraße am 15. Januar 1968 getroffen hatten. Am jenem Tag genehmigten die Ämter nämlich die Aufnahme des Müll-Betriebes bei Gerolsheim. Bedenken umwelthygienischer Art kamen keiner Behörde. So steuerten denn bald ganze Karawanen von Müll-Transportern Gerolsheim an. Die Abfallmenge, die den Schuttgraben in der Pfalz erreichte, belief sich auf jährlich rund 200 000 Tonnen. Das vermeintliche Müll-Dorado erschien gerade der Industrie ausgesprochen attraktiv. Der Name des Dorfes Gerolsheim erlangte selbst für ausländische Firmen ungeahnte Bedeutung. Ladungen Industriemüll rollten sogar aus der Schweiz und aus Holland heran. Aus dem Gerolsheimer Abfalltrichter wurde ein Giftarsenal. Unter anderem gelangten Hexachlorcyclohexan (HCH), das bei der Produktion von Pflanzenschutzmitteln ensteht, und Cyanid auf den Müllplatz. Anfang September 1971 rang sich das Mainzer Landwirtschaftsministerium eine lahme Erklärung ab: »Die ... Untersuchungen von Abfallproben aus der Deponie ergaben, daß

in geringem Umfang Stoffgemische zur Ablagerung gelangten, die nicht immer eindeutig den zur Ablagerung zugelassenen Stoffen zuzuordnen waren. Laboruntersuchungen haben bisher keine Anhaltspunkte dafür gegeben, daß sich daraus nachteilige Folgen für die Umwelt ergeben.«

Damit verbreitete das Ministerium eine falsche Information. Giftwolken aus der Gerolsheimer Kippe hatten nämlich im Umkreis von midestens 150 Metern die Speisekartoffeln der Bauern verfaulen lassen. Aber noch in Feldfrüchten, die zwei Kilometer von der Abfallgrube entfernt wuchsen, ließen sich Schadstoffe aus dem Industriemüll nachweisen. CDU-Minister Meyer mochte darin aber nur »Geschmacksfehler« und »Qualitätsbeeinträchtigungen« sehen. Die Gerolsheimer Bauern waren da anderer Meinung. Sie mußten erkennen, daß die verseuchten Kartoffeln »nicht einmal vom Vieh« gefressen wurden.

Als der Minister Meyer die Schandkippe besichtigte, empfingen ihn demonstrierende Landwirte. Zufrieden schnarrte der Landwirtschaftsdirektor: »Die Deponie ist in appellfähigem Zustand.« Die Bauern forderten: »Diese Giftbeule muß verschwinden.« Am Tag des Ministerbesuchs stiegen tatsächlich keine Chemiedämpfe auf, entstanden keine Brände, ereigneten sich keine Explosionen. Kippenbedienstete hatten einige kosmetische Eingriffe vorgenommen. So konnte der Gast aus Mainz am Kippenrand auch eine Pressekonferenz abhalten und über die Abfallmaßnahmen und Zukunftspläne der Landesregierung dozieren. Der Besitzer der Müllgrube, die Süd-Müll-GmbH des Herrn Willersinn, konnte zufrieden sein. Weiterhin liegt aber der Verdacht nahe, daß die Gerolsheimer Kippe nicht nur oberirdisch Schaden anrichtet. Jahrelang hatten die Behörden angenommen, daß der Untergrund des riesigen Müllhaufens aus einer 15 Meter dicken Tonschicht besteht, die als Sperre zwischen Abfall und Grundwasser wirkt. Auch das Landwirtschaftsministerium glaubte an die Existenz einer »ideal undurchlässigen Tonwanne«. Eine Bohrung zerstörte jedoch das Bild vom sicheren Müll-Hort. Die Tonschicht zeigte nur eine Dicke von 2,70 Meter, darunter folgten Feinsand und Grundwasser. Außerdem, so besagte ein Gutachten der Landwirtschaftsschule Frankenthal, handle es sich nicht um eine geschlossene Tonschicht, vielmehr seien sogenannte »Fenster« – also tonfreie Stellen – vorhanden. Überdies könnte die Tonschicht leicht von Chemikalien angegriffen und durchdrungen werden. Eine Wasserverseuchung durch die Giftsubstanzen des Mülls sei durchaus denkbar. Welche Bedeutung dieser Umstand hat, wird klar, wenn man berücksichtigt, daß in der Nähe der Giftgrube Tiefbrunnen liegen, die die Gemeinde Großniedesheim mit Trinkwasser versorgen. Ein Eindringen der Gifte ins Grundwasser ist um so leichter möglich, da die in diesem Raum häufigen tektonischen Erdbeben leicht zu Veränderungen im Kippenuntergrund führen können – zum Beispiel zu einem Bruch der Tonschicht. Die SPD-Landtagsabgeordneten Dröscher und Gustavus forderten von der Regierung in Mainz eine Beschränkung der Deponie auf ihren jetzigen Umfang, einen Schutzstreifen um die Kippe, laufende Kontrollen, Untersuchungen und ein weiteres Gutachten.

Schauplatz eines zweiten Giftmüll-Skandals in Rheinland-Pfalz wurde eine private Abfalldeponie bei Venningen: Hier waren über 2000 Fässer mit Cyanidabfällen abgeworfen worden. Auch in der Nähe dieses Müllplatzes liegt eine Wassergewinnungsanlage. Wie in Bochum und anderswo mußte eine groß angelegte Bergungsaktion eingeleitet werden.

Die Landschaft stirbt

In einem Vierteljahrhundert erwartet uns die 30-Stunden-Arbeitswoche; vermutlich wird sich die jährliche Urlaubszeit des Bundesbürgers etwa verdoppeln. Ganz offensichtlich befinden sich über 60 Millionen Westdeutsche auf dem Weg zur Freizeitgesellschaft. Die Städte aber bleiben lebensfeindlich; öde Betonwüsten, zerschnitten von Schnellstraßen. Sie sind unwirtlich, kaum noch urban. In den Stadtmitten regiert die kalte Pracht der Versicherungspaläste und Kaufhausbunker. Der Lebensrhythmus wird von Bürostunden und Ladenschlußzeiten diktiert. Neben den gleißenden Fassaden der Verwaltungszitadellen verkommt die Stadtlandschaft. Und ebenso verkümmert die Lebensqualität draußen in den neuen Vorstädten, in jenen sterilen und todlangweiligen Trabantenstädten. Sie sind nichts weiter als trostlose Schlafghettos, ohne Kneipen, Cafés, Kinos, ohne Kommunikation und meist auch ohne ausreichende Verkehrsverbindungen. Düsseldorf-Garath, Berlin-Märkisches Viertel oder München-Neuperlach heißen diese städtischen Außenposten. Hier erstarren menschliche Wesen zu organischen Robotern. Kein Zweifel: Die »große Stadtverwüstung« (Alexander Mitscherlich) hat längst eingesetzt. Autodurchflutete Cities und erstorbene Vorortsiedlungen sind Alpträume, die drei Viertel der Bevölkerung der Bundesrepublik täglich erleben. Die Städte saugen immer mehr Menschen auf. Schon leben mehr als 50 Prozent der BRD-Bevölkerung in den Ballungsgebieten auf nur sieben Prozent der Landesfläche.

Mindestens jeder dritte Stadtbewohner flüchtet am Wochenende aus der beklemmenden Ödnis der Betonschluchten. Mit dem größeren Angebot an Freizeit und Ferien verstärkt sich der Trend, die verhaßte Stadt für einen möglichst langen Zeitraum zu meiden. Immer heftiger wird der Run ins Grüne. Je mehr die deutschen Städte den Menschen deformieren, um so stärker zieht ihn die freie Landschaft, also das, was man auch Natur nennen kann, an. Eine Freizeitgesellschaft ohne Freizeitraum muß als Horrorvision erscheinen. Genau das aber droht Wirklichkeit zu werden.

Täglich gehen in der Bundesrepublik 120 Hektar Landschaft verloren – für Industrieansiedlung, Straßen- und Wohnungsbau. Das Forschungsinstitut Senckenberg stellt fest: »Der natürliche Lebensraum wird stets irreparabel und unwiederbringlich verbraucht.« Planierraupen walzen in die Erholungsgebiete hinein. Neue Autobahnen, Umgehungsstraßen, Flughäfen, Industriewerke und Siedlungen zerstückeln die Landschaft. Fehlplanungen der Stadt-, Regional- und Landesbehörden dezimieren das Grünland.

Besorgniserregend sind vor allem die Waldverluste in der Bundesrepublik. Jährlich verschwinden 7000 Hektar Wald von der Bildfläche. Davon werden allein 33 Prozent für den Wohnungsbau geopfert, 23 Prozent für Industrie und Gewerbe, 14 Prozent für Straßenbau, 16 Prozent für landwirtschaftliche Siedlungen. Im Bundesdurchschnitt entfallen auf jeden Einwohner 0,13 Hektar Wald, auf den Bürger Nordrhein-Westfalens aber nur 0,06 Hektar, also 600 Quadrameter Wald, das sind etwa 50 Bäume. Aber auch dieser NRW-Durchschnitt ergibt noch kein klares Bild für die Ballungsräume. Denn im Ruhrgebiet entfallen auf jeden Einwohner nur 0,012 Hektar Wald. Ähnlich ist auch die Situation im Düsseldorfer Raum. Dr. Wolfgang Engelhardt, Präsident des Deutschen Naturschutzringes, meint: »Es bringt uns im übrigen keinen Vorteil, wenn die Waldfläche fern von den Verdichtungsgebieten an Fläche zunimmt, und dort, wo er lebenswichtig ist – in der Nähe der Städte –, Stück um Stück der Ansiedlung von neuen Industriegebieten oder sogenannten Trabantenstädten weichen muß.« Auch das hessische Landwirtschaftsministerium befindet: »In den meisten hessischen Gemeinden, insbesondere in den Städten, besteht ein großer Fehlbedarf an wohnungsnahem Grün.«

Die Erholungsgebiete vor den Toren der Großstädte sind meist hoffnungslos überlastet. Die zusammengeschrumpfte Waldfläche ist dem Besucheransturm kaum noch gewachsen. So wird der 5000 Hektar große Frankfurter Stadtwald sonntags zum Treffpunkt für 70 000 Menschen. Vier Millionen Touristen und Wochenendurlauber suchen im Jahr den Naturpark Harburger Berge bei Hamburg auf (die bewaldete Hügellandschaft ist 3800 Hektar groß). Über 3,4 Millionen Menschen strömen jährlich in das Naturschutzgebiet Lüneburger Heide. Heute sind noch 29 Prozent der gesamten BRD-Fläche bewaldet (in Nordrhein-Westfalen fast 23 Prozent, in Hessen rund 40 Prozent).

Neben der Funktion als Erholungsraum hat der Wald vor allem für die Lufthygiene große Bedeutung. Die Bäume fangen Staub auf und erzeugen Sauerstoff. Eine ein Hektar große Grünfläche, bestehend aus Bäumen und Sträuchern, gibt im Laufe von zwölf Stunden etwa 600 Kilogramm Sauerstoff in die Luft ab. Nach einer Untersuchung des Instituts für Forstpolitik der Universität Freiburg wird der Staubgehalt der Luft in den Städten dort auf ein Vierzehntel reduziert, wo Wald oder Parkanlagen in das bebaute Gebiet hineinragen. An Straßen, die von Bäumen gesäumt sind, enthält die Luft drei- bis viermal weniger Staub als an baumlosen Asphaltpisten. Der Hamburger Botaniker Professor Ulrich Ruge prophezeit jedoch, daß es in zehn bis zwanzig Jahren an keiner Hauptverkehrsstraße in Westdeutschland mehr größere Bäume geben wird. An den Straßen in der BRD sterben jährlich 70 000 Bäume ab. Diagnose: Tod durch Salzvergiftung. Der winterliche Einsatz von Streusalzen schädigt die Vegetation sehr erheblich, zumal bis zu viermal soviel Salz verwendet wird, als überhaupt notwendig wäre. Die Auftausalze, die bei Vereisung oder Schneefall auf die Straßen rieseln, dringen in Verbindung mit Wasser an die Wurzeln der Bäume vor und verursachen so Pflanzenkrankheiten. Allein in Hamburg gehen jedes Jahr bis zu 2000 Bäume durch Salzschäden ein. Experten fordern gerade entlang der Autobahnen einen mindestens 200 bis 300 Meter breiten Waldstreifen, der Auspuffgase und Lärm schluckt. Eine landwirtschaftliche Nutzung von autobahnnahen Gebieten sollte vermieden werden, weil die bleihaltigen Giftgase der Autos Weiden und Felder verseuchen. Die Vernichtung der Wälder läßt großräumige und einschneidende Umweltveränderungen befürchten. Würde beispielsweise der 8000 Quadratkilometer große Schwarzwald abgeholzt – breite Schneisen sind schon heute hineingeschlagen worden –, hätten weite Teile Mitteleuropas unter einem radikalen Klimawechsel zu leiden. Die klimatischen Folgen der Schwarzwaldzerstörung: austrocknende Hitze abwechselnd mit kalten, trockenen Winden. Weite Landstriche würden damit versteppen.

Immer weiter frißt sich der Straßenbau durch die Wälder; immer dichter wird auch der Kraftfahrzeugverkehr in den früher abgelegenen Waldregionen. Für die Tierwelt bedeutet das eine Ausrottungskampagne, deren Ende noch nicht abzusehen ist. Mindestens

300 000 Hasen, Rehe, Hirsche und Wildschweine werden jährlich von Autos überrollt, zerquetscht und angefahren. Nicht nur Wild, auch über 100 000 Igel und etwa eine Million Vögel sterben jedes Jahr den Verkehrstod. Die Igel scheinen bei dieser Verlustrate den Kampf ums Überleben zu verlieren; sie sterben aus. Das Beklagen dieses millionenfachen Tiermordes sollte nicht bloß als Sentimentalität ausgelegt werden. Unter den daherbrausenden Autos stirbt ein Stück lebendes Inventar unseres Erholungsraumes. Mit dem Rückgang der Tierwelt verliert der Wald an Erlebniswert, er wird langweiliger. Der Reiz eines Waldes, dessen Fauna von Autos zermalmt worden ist, läßt beträchtlich nach. Den durch Unfälle verursachten Wildschaden beziffern bundesdeutsche Forstfachleute auf jährlich 50 Millionen Mark. Dabei könnte die Gefahr für die Tierwelt stark eingedämmt werden, indem man in besonders bedrohten Waldgebieten an den Straßen Wildschutzzäune errichtet. Die Kosten pro laufenden Meter Zaun werden auf drei Mark veranschlagt.

Neben dem Wald verringert sich auch die Fläche anderer Landschaften, die einen Erholungsfaktor darstellen können. Zwischen 1960 und 1970 ist die landwirtschaftliche Nutzfläche um 3,3 Prozent zurückgegangen. Die Moore haben 9,9 Prozent ihrer Fläche eingebüßt, die Ödländer vier Prozent. Im gleichen Zeitraum haben die Flächen der Verkehrsverbindungen (Straßen, Eisenbahnen usw.) um 13,5 Prozent zugenommen, die Industrie- und Gebäudeflächen um 28 Prozent, die Ausdehnung der Flugplatzareale um 19,4 Prozent. Der Landverlust in der Bundesrepublik von 1970 bis 1980 dürfte folgendes Ausmaß annehmen: für Siedlungszwecke 290 000 Hektar, für Straßenbau 120 000 Hektar, für militärische Anlagen (!) 33 000 Hektar, für Flughäfen 11 000 Hektar. Allein der neue Großflughafen bei Hamburg dürfte 2500 Hektar Landschaft verschlingen. Bis heute sind in der Bundesrepublik 330 000 Hektar aus der landwirtschaftlichen Nutzung ausgegliedert und brachgelegt worden. Mit den Veränderungen der Agrarstruktur dürfte sich diese Brachfläche verdreifachen.

Welchen Verlust an Erholungslandschaft besonders der Autobahnbau in stadtnahen Gebieten bedeutet, mag ein Beispiel aus München zeigen. Nach Berechnungen des »Bundes Naturschutz« müssen für den geplanten Fernstraßenring im Süden Münchens und

für eine zweite stadtnahe Autobahntrasse 1400 bis 1600 Hektar Wald geopfert werden. Eines der »wertvollsten großstadtnahen geschlossenen Waldgebiete in Mitteleuropa« würde zerstört.
Allzu oft wird der Wald, so kritisiert das nordrhein-westfälische Landwirtschaftsministerium, »nur als Lieferant des Holzbedarfs« angesehen und dementsprechend ausgebeutet. Das Düsseldorfer Ministerium fordert: »Es bedarf äußerster Bemühungen der Industrie, der Verkehrsplaner, des Bau- und Siedlungswesens, die Belastung unseres Waldes so einzuschränken, daß seine biologische Kraft zum Wohl der gesamten Bevölkerung nicht ganz verlorengeht.« Um den Grünmangel gerade in Ballungszonen zu beenden, schlägt die bayerische SPD vor, daß Industrie- und Gewerbe-Betriebe verpflichtet werden sollten, innerhalb einer Übergangszeit von drei Jahren mindestens zehn Prozent ihrer Betriebsfläche mit Bäumen und Sträuchern zu bepflanzen, die als Sauerstofflieferanten dienen und der Luftverschmutzung entgegenwirken. Gegen diesen Plan hat der bayerische Landesentwicklungsminister Max Streibl (CSU) »rechtliche« Bedenken. Der SPD-Vorschlag würde eine »Enteignung« darstellen.
Durch unsachgemäße Landnutzung – unter anderem Abholzung bestimmter Waldarten – wird die Bodenerosion gefördert. Etwa zehn Prozent der landwirtschaftlichen Nutzfläche in der BRD befinden sich in akuter Erosionsgefahr. Millionen Tonnen Erde werden vom Wasser ausgewaschen oder vom Wind abgetragen. In vier niedersächsischen Regierungsbezirken sind im Durchschnitt 11,3 Prozent der Ackerbaufläche durch Winderosion geschädigt, das sind zusammen 62 500 Hektar. Im hessischen Weinbaugebiet (Rheingau) gelten 61 Prozent der Anbaufläche als abtragsgefährdet. Große Landschaftsverluste hat auch der hemmungslose Abbau von Sand und Kies hinterlassen. 1970 wurden in der Bundesrepublik etwa 4000 Hektar Land für Sand- und Kiesgruben aufgebraucht (1956 erst 1200 Hektar). Zur Zeit liegt die Gesamtfläche der nicht rekultivierten Sand- und Kiesgruben bei rund 30 000 Hektar. Im Rhein-Main-Gebiet, aber auch zwischen Köln und Duisburg bleiben von Baggern ausgehobene Kraterlandschaften zurück. Blanke Profitgier und bedenkenloser Raubbau an der Landschaft zerfetzen das Umland der Städte. Hohe Kosten werden erforderlich sein, um die Baggerseen in eine Erholungslandschaft umzuwandeln. Das hes-

sische Landwirtschaftsministerium schätzt, daß allein für Sanierungs- und Rekultivierungsmaßnahmen an den Kiestrichtern in der Region Rhein-Main bis 1985 rund 200 Millionen Mark aufgewendet werden müssen.
Zwar sind in der Bundesrepublik rund 72 000 Quadratkilometer als Naturparke, Landschaftsschutzgebiete und Naturschutzgebiete ausgewiesen; diese Grünreserven leiden jedoch unter einer Aufsplitterung in über 8000 Einzelgebiete. Hubert Weinzierl vom Vorstand des Deutschen Naturschutzrings kritisiert: »Die 900 Naturschutzgebiete in Deutschland sind aber zumeist winzig klein und die Landschaftsschutzgebiete, über 7000 an der Zahl, stehen oftmals leider nur ebenso auf dem Papier wie die 45 Naturparke.« Nach Ansicht von Experten können die Naturschutzgebiete »ihre Funktion als Oasen und Reservate kaum oder gar nicht erfüllen«: Die Flächen sind einfach zu gering, außerdem gehen Jagd, Land- und Forstwirtschaft weiter. Ein »Totalschutz« solcher Erholungsräume erscheine ratsam. Zusehends verarmen Tier- und Pflanzenwelt: In den letzten 50 Jahren sind in Deutschland 76 Vogel- und Säugetierarten ausgestorben, in den letzten 100 Jahren verschwanden in und um Frankfurt 17 Prozent aller Pflanzenarten. Und noch immer wird mehr als ein Sechstel der gesamten Fläche der Bundesrepublik mit Pflanzenschutzmitteln und Schädlingsgiften behandelt. Die Einzelzersiedlung der Landschaft schreitet in rasantem Tempo fort. Große Sorgen bereitet den Landschaftsschützern der Boom an Wochenendhäusern. Der Deutsche Naturschutzring schätzt, daß es in der Bundesrepublik über 100 000 ›schwarz‹ gebaute Wochenendhäuser gibt (davon ein Drittel in Bayern). Dieser »immer bedrohlicher werdenden Seuche« (Hubert Weinzierl) müsse ein »kompromißloser Kampf« angesagt werden. Weinzierl: »In einer Landschaft, die für den Fremdenverkehr attraktiv und für den Bewohner ›Heimat‹ bleiben soll, kann man es sich einfach nicht leisten, die Natur an den Meistbietenden zu verschachern.« Statt über die Landschaft verstreuter Wochenendhäuser fordert der Naturschutzexperte »sinnvoll plazierte Feriendörfer«: »Einrichtungen also, die jedem offenstehen und dem Ausverkauf der Landschaft durch einzelne entgegenwirken.« Um zu verhindern, daß eine finanzkräftige Minderheit von weiten Teilen der Erholungslandschaft Besitz ergreift, hält der Deutsche Naturschutzring eine »gewaltige Neu-

orientierung des Eigentumsbegriffes« in der Zukunft für »unumgänglich«. Es könne nicht hingenommen werden, daß bald 95 Prozent der BRD-Bevölkerung beim Ausflug in die Natur vor den Mauern und Umzäunungen der Wochenenddomizile, privaten Parks oder Wäldern einer Minderheit haltmachen müssen.
Nun aber ist die Industrie dabei, die Zersiedlung der Erholungslandschaft nach allen Kräften zu fördern. Unternehmen der Kunststoff-Branche präsentierten 1971 eine ganze Kollektion von Plastikhäusern in futuristisch anmutendem Styling. Diese Kunststoffhäuser, die heute etwa 30 000 bis 50 000 Mark kosten, sollen der Industrie einen neuen Freizeitmarkt erschließen. Eine Serienproduktion dieser Kunststoffbauten wurde bereits in Aussicht gestellt. Damit wird eine weitere Gefährdung der freien Landschaft heraufbeschworen. Da der Stückpreis noch erheblich sinken dürfte, muß Schlimmes befürchtet werden. Vermutlich breiten sich schon in wenigen Jahren ganze Kolonien von Kunststoffhütten über die Landschaft aus.
Wie auch der Ausbau eines Flusses einer Erholungslandschaft schaden kann, zeigt die Umwandlung der Mosel in eine Großschiffahrtstraße. Nach einer Untersuchung des Landschaftsökologen Professor Wolfram Pflug (Aachen) stellt die Mosel heute »weder Fluß noch See« dar. Gravierend ist vor allem folgende Veränderung: Bestanden vor dem Moselausbau 29 Prozent des 450 Kilometer langen deutschen Uferanteils aus Betonwällen oder Steinpflaster, so waren nach Fertigstellung der zehn Staustufen 47 Prozent des Moselufers betoniert. Das Uferbild war langweiliger geworden, die Ufervegetation stark reduziert, der Fluß biologisch verarmt. Untersuchungen ergaben weiter, daß von 1000 Aalen, die vier Staustufen stromab überwunden haben, anschließend nur noch 60 unverletzt sind. Alle anderen Fische wurden in den Turbinen getötet oder verletzt.

Ein Volk von Frühinvaliden

Die Technisierung aller Lebensbereiche, die Ausdehnung der Verkehrsverbindungen auf dem Land und in der Luft, die Industrialisierung weiterer Gebiete, die Verdichtung der Städte und die mit allen diesen Faktoren verbundene Bautätigkeit in jedem Winkel der Bundesrepublik haben uns einem unerbittlichen Lärmterror unterworfen. Seit der Jahrhundertwende hat sich der durchschnittliche Verkehrslärm in den deutschen Großstädten um das Achtfache gesteigert. Der Bestand an Kraftfahrzeugen ist von 1950 bis Anfang 1972 von zwei Millionen auf 18,5 Millionen angewachsen. In Westdeutschland führen über 60 000 Kilometer Straßen durch Wohngebiete, durch Städte, Siedlungen und Dörfer. In den Wohnungen entlang dieser Lärmfront wird das Dröhnen der Motoren, das Rumpeln und Rattern der Lastwagen, das Geräusch quietschender Bremsen und gellender Hupen zur täglichen Tortur. Durch Orte, die von einer Autobahn zerschnitten werden, rollen innerhalb von 24 Stunden oft 60 000 bis 90 000 Fahrzeuge.

Die Zahl der auf bundesdeutschen Flughäfen gelandeten und gestarteten Flugzeuge hat sich von 1959 bis 1970 fast verfünffacht: von rund einer Million auf knapp 4,8 Millionen Landungen und Starts. Millionen von Menschen im Umland der rund zehn großen Verkehrsflughäfen und der zahlreichen Luftwaffenstützpunkte haben mit dem Heulen der Jettriebwerke, dem beängstigenden Brummen niedrig fliegender Maschinen oder mit dem nervenzerreißenden Überschallknall zu leben.

Diesen sogenannten Fortschritt, der hier blindwütig seine Bahn brechen kann, bezahlen große Teile der Bevölkerung mit dem gesundheitlichen Ruin. Die Westdeutschen sind dabei, ein Volk von Lärminvaliden zu werden. Dem weiter anschwellenden Lärm zeigen sich weder Körper noch Psyche gewachsen. Die Folgen des Lärminfernos:

Reihenuntersuchungen der Technischen Universität Karlsruhe ergaben, daß über 30 Prozent aller Bewohner der Bundesrepublik unter einer mehr oder weniger großen Schwerhörigkeit als Nachwirkung ständigen Lärms leiden.

Ein wirklich erholsamer Schlaf ist in den meisten Stadtvierteln unmöglich. Durch Verkehrsgeräusche vermindert sich die Qualität des Schlafes. Etwa die Hälfte der Stadtwohnungen in der BRD sind lärmgeschädigt. Schon haben sich schätzungsweise 50 Prozent der westdeutschen Bevölkerung eine Lärmdystonie zugezogen; also etwa jeder Zweite leidet durch den Zivilisationskrach an einem anormalen Spannungszustand der Nerven.
Das Bundesinnenministerium stellt fest: »Etwa jeder fünfte gewerbliche Arbeitnehmer in der Bundesrepublik Deutschland ist heute einer Geräuschbelästigung ausgesetzt, die sein Gehör gefährdet.«
Lagen 1967 Schwerhörigkeit und Taubheit unter den Berufskrankheiten in der BRD an sechster Stelle, so rückten sie im Jahre 1971 auf den vierten Platz vor.
Gegenüber 1969 stieg die Zahl der Gehörkranken 1970 um 67 Prozent. Dem nordrhein-westfälischen Sozialminister Werner Figgen kam angesichts dieser Steigerungsrate die Erkenntnis: »Ich muß Alarm schlagen!« Im verkehrs- und industriereichsten Bundesland will Figgen mit dem Einsatz von nur zehn Meßtrupps dem Lärmproblem entgegentreten.
Die Rangordnung der Lärmerzeuger, gestaffelt nach dem Grad der entstehenden Belästigung, ergibt folgendes Bild: 1. Kraftfahrzeugverkehr, 2. Flugzeuge, 3. Schienenfahrzeuge (einschließlich Straßenbahn), 4. Baustellen, 5. Industrie und Gewerbe.
Zur hartnäckigsten Lärmplage und zur fast pausenlosen Nervenbelastung ist der Straßenverkehr geworden. In München liegt der Dauerschallpegel an stark befahrenen Straßen bei 75 bis 90 Phon, an weniger stark befahrenen Straßen bei 50 bis 75 Phon. Nach Angaben des Max-Planck-Instituts für Arbeitsphysiologie in Dortmund können folgende Grade der Lärmeinwirkung auf den Menschen unterschieden werden:

Lärmstufe I	(Belästigung)	30 – 60 Phon
Lärmstufe II	(gesundheitliche Gefährdung,	60 – 90 Phon
	Vorstufe zur Dauerschädigung)	90 – 120 Phon
Lärmstufe IV	(mechanische Schäden)	über 120 Phon

29 Prozent aller Wohnungen in Köln haben bei offenem Fenster einen Lärmpegel von mehr als 60 Phon, 68 Prozent zwischen 45

und 60 Phon, nur drei Prozent weniger als 45 Phon. Bei der Überprüfung von 46 Straßen in Köln zeigten sich tagsüber Durchschnittswerte von 81 Phon, in den Nachtstunden aber immer noch 71 Phon.
Vergleicht man die Ergebnisse der Lärmmessungen aus München und Köln mit den »Medizinischen Leitsätzen zur Lärmbekämpfung« des Deutschen Arbeitsringes für Lärmbekämpfung, so ergibt sich eine erschreckende Diskrepanz. Nach den Leitsätzen sollten für bestimmte Lebens- und Arbeitsbereiche des Menschen folgende Lautstärken nicht überschritten werden:

im Schlafraum bei geöffnetem Fenster	25 – 30 Phon
in Wohnräumen tagsüber	45 Phon
bei Arbeiten mit dauernd hoher geistiger Konzentration	20 – 45 Phon
bei Arbeiten mit mittlerer Konzentration	50 – 60 Phon
in reinen Wohngebieten tagsüber	50 Phon
in reinen Wohngebieten nachts	35 Phon
in Erholungsgebieten	30 – 50 Phon

Vermutlich sind noch längst nicht alle Folgen der Lärmbelästigung von Medizinern und Neurologen aufgedeckt worden. Aber schon die heute bekannten Fakten zeigen das Ausmaß der Lärmbedrohung überdeutlich. Die Registrierung der elektrischen Gehirnströme von Versuchspersonen, die in Häusern an städtischen Straßen schliefen, erbrachte folgendes Ergebnis: Alle 5 bis 20 Sekunden geht der Tiefschlaf in einen leichten, oberflächlichen Schlaf über, ohne daß die Menschen direkt aufwachen. Die Qualität des Schlafes ist stark gemindert, das Nervensystem kann sich nicht genügend erholen. Wer an Straßen mit nächtlichem Autoverkehr schläft, leidet daher schnell an Übererregbarkeit und nervöser Erschöpfung. Schon Dauerschallpegel ab 30 Phon verursachen meist unbewußt Schlafstörungen, die Leistungsabfall, Konzentrationsschwächen, Gereiztheit und Unlustgefühle nach sich ziehen. Schließlich stellen sich auch Störungen des vegetativen Nervensystems ein. Negativ beeinflußt der Lärm auch Blutdruck und Herzschlagvolumen. Im SPD-Report »Umweltschutz in Schleswig-Holstein« betont der Mediziner Dr. Egon Höhnke, daß Lärm bei der Entstehung von seelischer Unausgeglichenheit und psychosomatischen Leiden eine

»wesentliche Rolle« spielt. Reizstauungen könnten zu einer ständigen Schlafbeeinträchtigung führen. Auch die Umweltforscher des Münchener Stadtentwicklungsreferates warnen: »Eine gegenwärtig nicht bekannte Vielzahl von psychischen Erkrankungen geht unter Umständen auf dauernde, unterbewußte Lärmeinwirkung zurück.« Als weitere Lärmschäden verzeichnen die Wissenschaftler in der Bundesrepublik: Hemmung der Bewegungsrhythmik der Magen- und Darmmuskeln, Erhöhung des Stoffwechsels, Verminderung der Hautdurchblutung. Ständiger Lärm begünstigt auch Herzkrankheiten; die Verengung der Herzkranzgefäße wird gefördert. Vor allem aber: Eine Gewöhnung an Lärm ist im medizinischen Sinne nicht möglich. Dr. Höhnke faßt zusammen: »Eine Erholung von Ermattung, Ermüdung, Erschöpfung, die Wiederherstellung der Leistungs- und Genußfähigkeit werden durch Lärm vereitelt.« Der Mediziner rät beim Kampf gegen den Lärm zum »Mut zur Unpopularität«.

Um ein gesundheitliches Fiasko zu vermeiden und ein Lärmminimum zu erreichen, könnten auch gewisse Freiheiten eingeschränkt werden. So könnte eines Tages die »willkürliche private Pkw-Nutzung« fraglich werden.

Das Münchner Stadtentwicklungsreferat stellt fest: »Der Gesetzgeber toleriert derzeit Höchstwerte der Schallemission bei Kraftfahrzeugen, die weit über dem aus gesundheitlichen Gründen ertragbaren Maß liegen. Die Zunahme des Kfz-Verkehrs läßt eine fünfzigprozentige Steigerung der Lärmbelästigung bis 1980 erwarten, falls die derzeit gültigen Richtwerte nicht gesenkt werden. Als besonders lautstark erweisen sich immer wieder Zweiräder und Lastwagen. Die technischen Möglichkeiten der Schalldämpfung sind vorhanden. Es müßte auch dafür gesorgt werden, daß die herabgesetzten Schallgrenzwerte in einer nur kurzen Übergangszeit auch für die bereits vorhandenen Kraftfahrzeuge gelten.« Die Münchner Umweltstrategen schlagen vor: »Nachtfahrverbot für Lkw und Zweiräder zwischen 22 und 6 Uhr mit Ausnahme der Hauptdurchgangsstraßen und für den stadtdurchquerenden Verkehr und in reinen Industrie- und Gewerbebereichen.«

Im »Großen Hessenplan – Aktionsprogramm Umwelt« schreibt die hessische Landesregierung zum Lärmproblem:

»Wo sich die Lärmbekämpfung allein um den Gesundheitsschutz

bemüht, zielt sie bereits zu kurz. Hier geht es nicht mehr nur um vordergründige und offenkundige Gesundheitsgefährdung, sondern um das Wohlbefinden im weitesten Sinne. Ordnendes Eingreifen gebietet bereits der Tatbestand der Belästigung. Raumordnung und städtebauliche Planung müssen der nachteiligen Lärmeinwirkung auf bewohnte Gebiete Grenzen setzen. Wo Störer und Gestörte räumlich nicht weit genug auseinanderzubringen sind, muß versucht werden, die Lärmsituation durch Anpflanzung von Grüngürteln oder durch Errichtung von Schutzbauten (Wälle, Mauern, Hecken und ähnliches) zu verbessern.«

Schließlich fordert das Münchner Stadtentwicklungsreferat weitere »Maßnahmen zur Beseitigung lärmintensiver Fahrbahndecken«.

Alle diese Vorschläge, Anregungen und Forderungen können sicherlich hier und da, an dem einen oder anderen Straßen- bzw. Autobahnabschnitt verwirklicht werden, eine Eliminierung des Verkehrslärms, selbst eine Reduzierung auf ein gesundheitsverträgliches Maß bleiben unmöglich. Jedenfalls beim Betrieb der heutigen Verkehrsmittel und -systeme. Professor Dr.-Ing. Karl Krell von der Bundesanstalt für Straßenwesen in Köln hat ausgerechnet: Um den nächtlichen Geräuschpegel aller Straßen in den Wohngebieten der Bundesrepublik auf 35 Phon zu senken, wären etwa 130 Milliarden Mark erforderlich. Mit dieser Riesensumme müßten finanziert werden: neuartiger Straßenbau (›leisere‹ Fahrbahndecken), Grünabschirmung wie Baumreihen und Parks, Verlegung des Straßenniveaus in die Höhe oder Tiefe. Hinzu kommen müßten Schallschutzmaßnahmen im Hochbau, wie der Einbau lärmschluckender Spezialfenster. Ein beträchtlicher Teil der Lärmbelästigung ist jedoch den Autoherstellern anzulasten. Professor Krell kritisiert, daß modische Strömungen in der Automobilbranche die »wünschenswerte und erreichbare« Entwicklung von geräuscharmen Karosserien und Motoren, deren Betriebslärm auf ein Minimum reduziert ist, verhindern.

Drei Monate hindurch registrierten 1971 Fachleute, ausgerüstet mit sieben Meßstellen, den in München herrschenden Flugzeuglärm, der von den Starts und Landungen auf dem Flughafen Riem ausgeht. Das Resultat der Lärmuntersuchungen war bestürzend: Legt man die Maßstäbe bundesdeutscher Mediziner und Physiologen zugrunde, dann sind 300 000 Münchner durch den Fluglärm gesundheitlich stark gefährdet, also fast ein Viertel der Gesamtbevölkerung der bayerischen Hauptstadt. Noch 15 Kilometer vom Flughafen entfernt stellt der Lärm der Jetriesen eine Gesundheitsbedrohung dar. In den Berliner Stadtteilen Tempelhof und Neukölln wird die Zahl der durch Fluglärm in einem unzumutbaren Ausmaß belästigten Wohnungen auf mindestens 10 000 geschätzt. In besonders großer Gefahr befinden sich schwangere Frauen, die in der Nähe von Flughäfen wohnen. Ein hoher Prozentsatz an Fehlgeburten, so erklären zahlreiche Mediziner, muß auf die Auswirkungen des Fluglärms zurückgeführt werden. Gerade im dritten bis sechsten Monat können durch Lärm heftige Bewegungen des Kindes im Mutterleib herbeigeführt werden.

Die Prognosen im Hinblick auf die weitere Zunahme des Flugverkehrs lassen einen noch weiter verstärkten Lärmterror erwarten. In München wird mit einer Steigerung des zivilen Flugbetriebs um den Faktor 2,4 bis zum Jahre 1985 gerechnet. Damit würde der Fluglärm um 70 Prozent anwachsen.

»Deutschlands Wäsche atmet wieder auf«

»Die 32jährige Inge Sch. leidet seit Mai 1969 an Schwindel und zunehmender Angst, für die kein Grund gefunden werden konnte. Sie kann nicht mehr allein über die Straße gehen, klagt über große Müdigkeit, Konzentrationsschwäche, schlechten Schlaf, auch häufig über Übelkeit und Magenbeschwerden. Die Diagnose heißt vegetative Dystonie. Nach erfolgloser Behandlung wurde sie schließlich an mich überwiesen.«
Dieses Beispiel einer anfangs kaum zu definierenden Krankheit schilderte der Nürnberger Arzt Dr. Christian Hagen in der Ärztezeitschrift »Selecta«. Mit einem speziellen Verfahren, das selbst die Wirkungen geringster Mengen an Giftsubstanzen anzeigt, konnte der Mediziner die Ursache für den desolaten Zustand der 32jährigen Frau ausmachen: die rätselhafte Erkrankung der Inge Sch. war durch Schädlingsbekämpfungsmittel ausgelöst worden, die sie mit Gemüse, Obst und Fisch zu sich genommen hatte.
Das ist alles andere als ein Einzelfall. Hunderttausende von Bundesbürgern essen sich krank. Mit der allgemeinen Umweltvergiftung finden sich auch in den Nahrungsmitteln immer häufiger chemische Rückstände, die zu gesundheitlichen Schäden führen. Die Werbung, die in den Supermärkten oder Kaufhäusern »kerngesunden Naturgenuß« verspricht, lügt in den meisten Fällen. Mit Steaks und Hähnchen, Salat und Kohl, Fisch, Muscheln, Obst und Gemüse wird ein ganzes Arsenal chemischer Zusätze verzehrt: Antibiotika, Arsenverbindungen, Blei, Quecksilber, Cadmium, Insektizide, Hormone, chlorierte Kohlenwasserstoffe. Der Münchner Tiermediziner Professor Ludwig Kotter warnt: »Die Vergiftung unserer Nahrung erfolgt latent.«
Jeder Einwohner der Bundesrepublik nimmt mit pflanzlichen Nahrungsmitteln täglich 1,5 Milligramm Blei auf. Den oberen Grenzwert, der gesundheitlich noch vertretbar ist, setzen Mediziner bei einem Milligramm an. Das Blei aus den Auspuffgasen der Kraftfahrzeuge wird in die Gemüsekulturen und Getreidefelder gepustet. Nach Untersuchungen der Biologischen Bundesanstalt für Land- und Forstwirtschaft in Berlin sind Pflanzen mit großer

Blattoberfläche am stärksten vom Blei betroffen. Dazu zählen unter anderem Salat, Wirsing, Porree und Kohlrabi. Auch Zuckerrübenblätter reichern sich schnell mit Blei an; sie werden als Viehfutter verwendet. Die Biologisch-Physikalische Forschungsgesellschaft in Oberjesingen stellte bei Blutuntersuchungen an 10 000 Personen fest, daß jeder Neunte an einer Bleivergiftung litt. Der Biologe Dr. Leh von der Berliner Bundesanstalt fordert: »Kulturpflanzen, deren oberirdisch wachsende Teile für die Ernährung von Mensch und Tier bestimmt sind, sollten in Zukunft nicht mehr in unmittelbarer Nähe von Autobahnen und anderen stark befahrenen Straßen angebaut werden.« Heute liegen in der Bundesrepublik die Bleigehalte von Gras und Rübenblättern zum Teil um das Sechsfache, im Ruhrgebiet um das Zwölffache höher als die von der EWG-Futtermittelrechtskommission vorgeschlagene duldbare Höchstmenge.
Die Ausmaße eines Skandals hat die Verwendung von Antibiotika, Beruhigungsmitteln und Arsenverbindungen in der Massentierzucht angenommen. Antibiotika lassen das Vieh schneller wachsen; die Tiere sind so eher schlachtreif. Beruhigungsmittel machen das Vieh träger und damit dicker. Bei der Einspritzung von Östrogen, einem weiblichen Geschlechtshormon, bleibt das Fleisch länger weiß und zart, die Kälber nehmen an Gewicht zu. Auch Arsenverbindungen steigern den Masteffekt; sie geraten über die Tränke in den Körper der Tiere. Rücksichtslos wird mit dem Einsatz der Pharmazeutika in der Tierhaltung ein biochemisches Doping unternommen. Bei einer über acht Monate laufenden Testserie untersuchten im Münchner Schlachthof Veterinäre insgesamt 13 072 Tiere auf Antibiotikaspuren. Bei dieser Kontrolle fanden sich in 22 Prozent der Kälber, 12 Prozent der Rinder und in 7 Prozent der Schweine Antibiotikarückstände. Von 128 Stichproben bei Kälbern im Schlachthof Rosenheim enthielten 44 Antibiotika. Um Reste der Hormoneinspritzung zu entdecken, wurden in Rosenheim bei 16 Kälbern Proben entnommen; das Fleisch von acht Tieren enthielt Östrogen. Die untersuchten Tiere aus der DDR wiesen weder Antibiotika noch Östrogen auf. Bei der Überprüfung von über 1500 Kälbern im Schlachthof Hannover fanden Veterinärmediziner der Tierärztlichen Hochschule Hannover bei zwei Drittel der Tiere Antibiotikaspuren.

Bei einer Blitzrazzia, die die Staatsanwaltschaft zusammen mit Tierärzten in den Landkreisen Vechta und Cloppenburg durchführte, konnte in acht von elf untersuchten Tierbeständen Östrogen nachgewiesen werden. Die Farmen Südoldenburgs, die zu riesigen Tierfabriken mit je 800 000 Hühner oder rund 200 000 Kälbern umgebaut worden sind, scheinen ein Zentrum der pharmazeutisch gesteuerten Zucht zu sein. Aber auch im niederbayerischen Raum werden rezeptpflichtige Arzneimittel kiloweise in den Viehställen verfüttert. Die Staatsanwaltschaft nimmt an, daß allein im Landgerichtsbezirk Landshut 1970/71 für zwei Millionen Mark Medikamente für die Tierzucht umgesetzt wurden. Futtermittelhändler und einige Tierärzte haben das Geschäft mit den pharmazeutischen Zutaten in der Hand.
Mit Vorliebe werden große Mengen des Beruhigungsmittels MTU in den Futtertrog gemischt. Die Folgen erläutert der Pharmakologe Professor Hans-Jürgen Hapke aus Hannover: »Mit dem auf die Schilddrüse wirkenden MTU werden Stoffwechselstörungen beim Menschen und beim Hund behandelt. Bei Bullen und Rindern dagegen erzeugt es einen Krankheitszustand, der bis zur Verblödung führen kann. Die organische Tätigkeit der Tiere sinkt, und sie werden träge. Dadurch bringen sie etwa 15 bis 20 Prozent mehr Gewicht. Etwa die Hälfte davon ist im Fleisch gebundenes Wasser.« Professor Hapke weiter: »Es besteht die Gefahr von Rückständen im Fleisch, weil man nicht weiß, wann das Tier vor der Schlachtung zuletzt das in zwei Tagen abbaubare MTU erhalten hat. Da das Mittel heimlich verfüttert wird, wird es von den Bauern ja nicht gemeldet.«
Der illegale Handel mit Doping-Arzneien für die Tierzucht hat sich für die Pharmazeutikindustrie und für hunderte von Händlern zu einem überaus guten Geschäft entwickelt. Das Bundesgesundheitsministerium schätzt den Umsatz auf diesem grauen Markt auf jährlich 40 bis 50 Millionen Mark, die Niedersächsische Ärztekammer sogar auf rund 100 Millionen Mark.
Die mit Medikamenten vollgepumpten Tiere stellen eine unübersehbare gesundheitliche Gefährdung dar. Der ständige Genuß von antibiotikahaltigem Fleisch ruft Allergien und Hautausschläge hervor. In einem späteren Krankheitsfall verfehlt die Antibiotikatherapie ihre Wirkung; gefährliche Bakterienstämme sind resistent

geworden. Bleibt also die Anwendung von Antibiotika wirkungslos, dann sehen sich die Ärzte, so ein Fachblatt, ins medizinische Mittelalter zurückgeworfen. Beim dauernden Verzehr von östrogenhaltigem Fleisch müssen Fehlsteuerungen im menschlichen Hormonhaushalt befürchtet werden. Bei Frauen kann eine starke Östrogenzufuhr sogar Brustkrebs auslösen; während der Schwangerschaft sind hormonale Fehlleitungen im Embryo denkbar. Rückstände von Beruhigungsmitteln im Fleisch können beim Konsumenten neben Allergien auch Blutschäden hinterlassen.

Als maximal zulässige Dosis für Selen- und Quecksilberreste in Lebensmitteln gilt in den skandinavischen Ländern und in Großbritannien 0,1 ppm. In der Bundesrepublik gibt es noch keine verbindlichen Normen. Unbestritten ist die Wirkung des Quecksilbers als Nervengift. Selen steht im Verdacht, bei der Krebsentstehung eine Rolle zu spielen. Bei Lebensmitteluntersuchungen kam Dr. Peter Schramel von der Gesellschaft für Strahlen- und Umweltforschung mbH in Neuherberg bei München zu erschreckenden Resultaten. Der Selengehalt einiger Proben: Aal: 17,78 ppm, Rindfleisch: 0,321 ppm, Karpfen: 0,78 ppm. Auch die Quecksilberkonzentration in Hechten, Karpfen und Rotaugen lagen über dem Risikowert, wie er in Skandinavien und England gültig ist. Reste von Schädlingsbekämpfungsmitteln finden sich selbst in einem in der Bundesrepublik sehr begehrten Fitmacher, der Milch. Ein Wissenschaftlerteam des Instituts für Hygiene der Bundesanstalt für Milchforschung in Kiel stellte nach Untersuchungen in den Jahren 1969/70 fest:

»Die nachgewiesenen Rückstände insektizid wirkender chlorierter Kohlenwasserstoffe zeigen in Verbindung mit unseren an Butter- und Käseproben durchgeführten Untersuchungen, daß Milch und Milchprodukte im Rahmen der täglich zulässigen Höchstaufnahme eine nicht unerhebliche Rolle spielen. Eine Hochrechnung unter Berücksichtigung des durschnittlichen Verzehrs an Milch, Butter und Käse ergibt einen Anteil von 10 bis 20 Prozent, im Extrem – zum Beispiel bei Kindern und Säuglingen – doppelte Werte und mehr ... Milch und Milchprodukte bilden beim erwachsenen Menschen – isoliert gesehen – keine Gefährdung. Die Rückstandswerte sind weit von der täglichen Aufnahme entfernt. Bei Säuglingen und Kleinkindern können sie jedoch schon allein die zulässige tägliche Aufnahme decken. Wird darüber hinaus die additive Wirkung einzelner chlorierter Kohlenwasserstoffe in die Berechnung einbezogen ... liefert das Milchfett ohne Zweifel einen beachtlichen Anteil der Rückstände chlorierter Kohlenwasserstoffe im Rahmen der Gesamtnahrungsaufnahme.«

Waschmittel, Kosmetika und Insektengifte im Haushalt

»Weißmacher« und »Tiefenlöser« sind ins Zwielicht geraten. Nach Ansicht von Medizinern aus Heidelberg und Köln verursachen Waschmittel mit biologischen Zusätzen, die 1971 immerhin drei Viertel der gesamten Waschpulverproduktion ausmachten, Erkrankungen der Haut und der Atemwege. Zum Aufgebot der »Bio-Aktiven« zählen unter anderem »all«, »Ariel«, »bioluzil«, »dalli«, »Henk-o-mat«, »Famos – bio 2000« und »X-TRA«. Diese Waschmittel enthalten Enzyme, die im menschlichen und tierischen Organismus Richtung und Geschwindigkeit biochemischer Abläufe (zum Beispiel Stoffwechsel) bestimmen. Die Bio-Zutaten sollen – so verheißen jedenfalls die Werbeslogans – vor allem eiweißhaltigen Schmutz wie Blut, Pflanzen- und Nahrungsreste entfernen helfen.
Die Wirkung enzymhaltiger Waschpulver konnten Dr. Wilma Reinheimer und Dr. Gerhard Utz von der Medizinischen Universitätsklinik Heidelberg bei einem 30jährigen Patienten beobachten, der in der Firma Sunlicht in Mannheim arbeitete. Der Mann klagte über Atemnot, häufigen Schnupfen, Schweißausbrüche, Völlegefühl, Kopfschmerzen und Müdigkeit, die zuerst am Arbeitsplatz und später auch zu Hause (beim Wäschewaschen) auftraten. Bei Versuchen mit dem Enzym Maxatase, das bei der Waschmittelproduktion Verwendung findet, stießen die Heidelberger Forscher auf den auslösenden Faktor dieser Allergie. Beim Inhalieren von Maxatase in Staubform stellen sich schwere Atemnot und eine akute Überblähung der Lunge ein. Nach Auffassung der beiden Mediziner bestehen keine Zweifel mehr, daß Maxatase auch Asthma verursachen kann. Größere Mengen an Enzymstaub rufen ein chronisches Asthmaleiden hervor. Die eiweißspaltende Aktivität der Enzyme durchbricht die normale Schutzfunktion der Haut und der Schleimhäute.

Ebenso beunruhigend wie die Befunde aus Heidelberg waren die Testergebnisse von Professor Gerd Klaus Steigleder, dem Leiter der Kölner Universitäts-Hautklinik. Bei einem Test mit enzymatischen Waschmitteln zeigte sich, daß rund zwei Drittel der Versuchspersonen allergisch reagierten. Nach seinen Untersuchungen gab Professor Steigleder den Rat, jeden direkten Hautkontakt mit Bio-Waschpulver zu vermeiden und stattdessen wasserundurchlässige Handschuhe zu tragen. Der ständige Umgang mit den biologisch aktiven Waschmitteln kann bei Hausfrauen ebenso wie bei den Arbeitern in den Herstellerwerken Hauterkrankungen und Augenreizungen zur Folge haben. Dabei ist der Sunlichtarbeiter aus Mannheim kein Einzelfall; auch Arbeiter in den Düsseldorfer Henkel-Werken erkrankten an Asthma. Henkel-Forscher Dr. Otto Koch mußte zugeben, daß sich »bei der Verarbeitung und beim Verpacken« der enzymhaltigen Waschmittel »Gefahrenpunkte« ergeben.
Das Hauptargument, mit dem die Industrie die Enzymbeimischung in die Vollwaschmittel begründet, erscheint jedoch kaum noch stichhaltig. Die Stiftung Warentest stellte 1971 fest: »Bioaktive Waschmittel waschen keinesfalls sauberer als Produkte ohne Enzymzusatz ... Enzyme haben in Vollwaschmitteln vor allem Werbe-, aber kaum Waschwirkung.« Die viel propagierten Bio-Saubermacher könnten die »Waschergebnisse kaum beeinflussen«.
Auch mit der Schwemme kosmetischer Erzeugnisse erreichen uns Nervengifte, Krebserreger und Substanzen, die die Erbanlagen schädigen. Im Kampf gegen Körper- und Mundgeruch, gegen Hautunreinheit und Zahnfäule scheuen die Kosmetikahersteller vor keinem Risiko zurück. Deodorants, Intimsprays, Deo-Seifen, Mundwasser und Zahnpasten, die die Körperhygiene der Deutschen retten sollen, werden mit Wirkstoffen versehen, die den Organismus vergiften und verseuchen. Vielen Westdeutschen, die sich in einen Reinlichkeitswahn hineinsteigern ließen, garantieren die Kosmetika reinen Atem und Körperfrische, aber auch die Möglichkeit von Erbgutdefekten, Krebs oder Hirnschäden.
Den Wissensstand über die kosmetischen Zusatzstoffe bezeichnet Dr. Preussmann vom Deutschen Krebsforschungszentrum Heidelberg als »unbefriedigend«. Der Krebsforscher über den Kosmetikamarkt: »Hier werden Farbstoffe und andere Ingredienzen in großer Zahl verwendet, von denen kaum ein Produkt auf chronisch-

toxische Wirkung untersucht ist, obwohl viele der Präparate über lange Zeiträume angewendet werden. Die Industrie hat hier lange argumentiert, es kämen doch nur kleine bis sehr kleine Mengen von Wirkstoffen zur Anwendung, die daher keine toxischen Schädigungen hervorrufen könnten. Dies läßt natürlich und leider die Möglichkeit einer carcinogenen Wirkung außer acht, die ja durch kleine und kleinste Dosen verursacht wird. Ein besonders krasses Beispiel . . . ist die Verwendung von Chloroform in einigen Zahnpasten. Chloroform und Tetrachlorkohlenstoff sind bekannte Lebergifte und erzeugen im Tierversuch Lebergeschwülste.«

Mit ersten Forschungsprogrammen haben Genetiker, Mediziner, Chemiker und Biologen in der Bundesrepublik die Fahndung nach erbschädigenden Substanzen aufgenommen, deren Gesamtzahl auf etwa 400 geschätzt wird. Im Mittelpunkt der Untersuchungen stehen Erzeugnisse der chemischen, kosmetischen und pharmazeutischen Industrie. Eine Reihe von westdeutschen Wissenschaftlern hat sich in der »Gesellschaft für Umwelt-Mutationsforschung« zusammengeschlossen. Vorsitzender Professor Marquardt (Freiburg): »Mutationen verändern das Erbgut des Menschen im allgemeinen in negativer Weise. Das Resultat dieser Veränderungen sind genetisch bedingte Fehlgeburten, Mißbildungen und Erbkrankheiten unterschiedlichsten Schweregrades. Deshalb werden in der Diskussion über die Umweltgefahren, denen der Mensch ausgesetzt ist, genetische Schäden in steigendem Maße beobachtet.«

Bei Veränderungen der Erbanlagen durch Chemikalien könne, so der Erlanger Genetiker Dr. Erich Gebhart, die Entstehung bestimmter Hormone eingeschränkt oder sogar unmöglich werden. Weiterhin müßten Funktionsminderungen der Sinnesorgane (z. B. Augen- oder Gehörschäden) und Stoffwechselfehler befürchtet werden. Darüber hinaus könne die Anfälligkeit gegenüber zahlreichen Krankheiten zunehmen (mangelnde Bildung von Abwehrstoffen im Körper). Der Münchner Erbforscher Professor Kaudewitz warnt sogar: »Ob in der nächsten Generation Leute mit kurzen Armen herumlaufen oder ähnliches, das ist – gemessen an dem, was uns bevorsteht, wenn wir schleichend die Mutationsrate erhöhen – ein Kinderspiel.«

Für den weiblichen Bevölkerungsteil drohen vor allem genetische Gefahren aus der Spraydose. Einige Intimsprays, Deodorants und chemische Verhütungsmittel (die als Tabletten, Creme oder Spray in der Vagina wirken) enthalten das erbschädigende Hydroxychinoliniumsulfat, das desinfiziert und Bakterien wie Spermien abtötet. Bei Versuchen im Genetischen Institut Erlangen konnte Dr. Gebhart nachweisen, daß diese Verbindung selbst noch in sehr schwachen Konzentrationen die Chromosomen schädigt. Bei den Experimenten konnte der Wissenschaftler die Wirkung des Stoffes auf menschliche Zellkulturen beobachten. Dr. Gebhart: »Anlaß zu unseren Untersuchungen war die Tatsache, daß diese Substanz auch innerhalb der Scheide angewandt wird und so Gelegenheit hat, auf Samen einzuwirken, die bei schwacher Dosierung befruchtungsfähig bleiben könnten.« Auch bei der Bekämpfung von Bakterienkolonien im Mund spielt Hydroxychinoliniumsulfat eine große Rolle. Eine Reihe von Mundwasserpräparaten, die allmorgendlich in deutschen Badezimmern gegurgelt werden, um den Atem geruchfrei zu halten, beruhen nämlich auf der Desinfektionswirkung dieses Stoffes.

Ähnlich liegt der Fall beim Hexachlorophen. Diese Substanz (verwandt mit dem DDT!) wird ebenfalls als antibakterieller Hemmstoff verwendet und findet sich unter anderem in Seifen, Shampoos, Zahncreme, Mundwasser, Deodorants, Rasierwasser und Intimsprays. Zumindest alle Kosmetika, die drei Prozent oder mehr Hexachlorophen enthalten, müssen als gesundheitsgefährdend eingestuft werden. Tierversuche mit Ratten und Affen haben ergeben: Hexachlorophen hinterläßt Gehirnschäden. Im Blut von Babys, die mit hexachlorophenhaltigen Mitteln gewaschen wurden, fand sich die Hälfte jener Hexachlorophen-Konzentration, bei der es bei Ratten zu Hirndefekten kommt. Die amerikanische Lebensmittel- und Arzneimittelbehörde (FDA) warnte bereits Ende 1971 vor dem Gebrauch von Seifen und kosmetischen Artikeln, die drei Prozent oder mehr Hexachlorophen enthalten. Die US-Behörde kündigte weiterhin an, sie werde Maßnahmen zur Beschränkung des Hexachlorophenverbrauchs einleiten. In der Bundesrepublik besänftigte der Industrieverband Körperpflege- und Waschmittel das Konsumentenvolk. Hexachlorophengehalte von drei oder mehr Prozent in kosmetischen Erzeugnissen seien »absolut ungebräuchlich«. In Körpersprays, Deodorantstiften und einigen Deoseifen lägen die Konzentrationen zwischen 0,5 und zwei Prozent. Die

Behauptung der Kosmetikahersteller, deren Werbekampagnen für Geruch- und Schweißstopper auf Hochtouren laufen, kann nicht das letzte Wort in dieser Diskussion sein. Die alarmierenden Forschungsergebnisse scheinen im Bonner Gesundheitsministerium und im Bundesgesundheitsamt wenig Beachtung zu finden. Frau Strobel sowie ihr Wissenschaftler- und Beamtenstab, an der Nikotin- und Drogenfront in ständigem Einsatz, haben sich zur Hexachlorophenfrage, die fast jeden Einwohner der Bundesrepublik betrifft, noch nicht eindeutig geäußert. Bis einschließlich Februar 1972 konnte sich das Ministerium nicht einmal entschließen, eine Warnung vor diesen Körperpflegemitteln auszusprechen. Vertraut man blindlings den Verlautbarungen der Industrie?
Selbst die »Frankfurter Allgemeine Zeitung« – bei solchen Fragen sonst eher zurückhaltend – nannte Hexachlorophen »ein weiteres Beispiel dafür, wie Substanzen ... ohne hinreichende toxikologische Prüfung in den Verkehr gebracht und nun von Millionen Menschen ahnungslos verbraucht werden«. Die FAZ (Ausgabe vom 26. Januar) fährt fort: »Neuerdings wird im Gesundheitsministerium darüber beraten, ob die Hexaplorophen enthaltenden Arzneimittel unter Rezeptpflicht gestellt werden sollen. Von den kosmetischen Produkten wird hingegen kaum gesprochen. Die Zurückhaltung bei der Reglementierung des Hexachlorophenverbrauchs wird unter anderem damit begründet, daß sich das Geschrei um die enzymhaltigen Waschmittel als nicht haltbar erwiesen habe. Zudem gäbe es hinsichtlich des Hexachlorophens widersprüchliche Ergebnisse, die einer Klärung bedürften. Bis dahin können offenbar nach Meinung der Bundesgesundheitsbehörden Millionen Konsumenten weiter das potentiell gefährliche Hexachlorophen verwenden. Leider ist es bis jetzt immer noch so, daß unsere Behörden der Prophylaxe von Schäden sehr wenig Bedeutung beimessen. Es muß erst zu handfesten Skandalen kommen, bis sie handeln.«
Im Bemühen um Wohnungshygiene und mottenfreie Kleiderschränke unternehmen Millionen von Hausfrauen in der Bundesrepublik einen Giftfeldzug gegen Fliegen, Spinnen, Wespen und Motten. An die Zimmerdecke oder in die Schränke werden insektentötende Giftstreifen gehängt – zum Beispiel der ›Vapona Strip‹ (Hersteller: Deutsche Shell Chemie). Der Massentod des häuslichen Ungeziefers wird ausgelöst durch den Wirkstoff Dichlorvos, der über Monate

hinweg in die Luft ausströmt. Insektenkiller, die zu 20 Prozent aus Dichlorvos bestehen, sind keine Seltenheit. Nach den Erkenntnissen, die Dr. Göran Löfroth vom Biochemischen Institut der Universität Stockholm gewonnen hat, vergiftet Dichlorvos nicht nur Fliegen und Motten, sondern auch den Menschen. Nach den Versuchen Dr. Löfroths scheint festzustehen, daß Dichlorvos als Blut- und Nervengift sowie als erbgutschädigende Substanz wirkt. Dichlorvos senkt den Cholinesterasegehalt des Blutes auf fast die Hälfte des Normalwertes. Cholinesterase ist jedoch für das Funktionieren des vegetativen Nervensystems, das Verdauung, Wachstum und Blutumlauf steuert, unentbehrlich. Sinkt der Anteil des Ferments, dann können Bewegungsstörungen und Lähmungen auftreten, die möglicherweise tödlich enden. Der Wissenschaftler warnte besonders davor, dichlorvoshaltige Insektenvertilger in Schlafräumen zu verwenden. Schon ein neunstündiger Schlaf genüge, um die Dichlorvoskonzentration im menschlichen Körper auf einen bedrohlichen Wert ansteigen zu lassen. Während des Schlafes atme der Mensch mehr Dichlorvos ein, als die Weltgesundheitsorganisation WHO für eine ungefährliche Tagesdosis ansehe. Der schwedische Forscher ließ Dichlorvos auch auf die Erbsubstanz eines Kalbes einwirken. Schon nach kurzer Zeit traten in der Desoxyribonukleinsäure (DNS) – also im Erbmaterial – chemische Veränderungen ein.

Die Gefahren, die für die Arbeiter in den Chemiewerken auftauchen, macht ein anderes Beispiel deutlich. Gegen Ende 1971 mußten die Farbwerke Hoechst die Produktion des Kleiderfarbstoffes »Naphtol AS/SW« einstellen. Arbeiter, die beim Herstellungsprozeß im Offenbacher Hoechst-Zweigwerk mit dieser Chemikalie in Berührung kamen, erkrankten an Blasenkrebs.

Die hier geschilderten Gefahren sind vermutlich nicht mehr als die Spitze eines Eisberges. Mit Sicherheit erwarten uns im Riesenangebot chemischer Erzeugnisse – vom Waschpulver bis zum Verhütungsmittel – noch weitere Giftstoffe. Was heute vorliegt, sind Zufallsergebnisse einer Forschung, die personell und finanziell nur schwach ausgerüstet ist. Erst vor drei Jahren nahmen Wissenschaftler in der Bundesrepublik die Suche nach erbgutschädigenden Substanzen in Pflanzenschutzpräparaten, Lebensmitteln usw. auf. Intensiv beschäftigen sich heute vielleicht vier oder fünf Hochschulinstitute mit der Erforschung der Zusatzstoffe in Kosmetika oder anderen Produkten der chemischen Industrie. Auch die Gesundheitsbehörden stehen diesem Problem fast gleichgültig gegenüber. Man begnügt sich mit dem Hinweis: Erst müssen weitere Untersuchungsergebnisse abgewartet werden. Stichhaltiges Forschungsmaterial aus dem Ausland müsse man erst »sorgfältig prüfen«. Die chemische Industrie kann bei dieser Situation zufrieden sein. Ihr Produktionsausstoß wogt weiterhin in die Haushalte hinein. Mit lautstarker Idiotie rufen die Werbespots der Chemieunternehmen zum Kauf von Artikeln auf, die zumindest im Verdacht stehen, Nervengifte, Krebsauslöser und mutagene Stoffe zu enthalten. Behörden und Gesetzgeber müssen jetzt versuchen, diese Giftschwemme zu stoppen, wenigstens einzudämmen. Im Hinblick auf die möglichen Erbschäden mahnt der Genetiker Dr. Gebhart: »Jedes Jahr kann für unsere Nachkommengeneration von fataler Bedeutung sein.«

Umweltforschung

Die Entwicklung neuer Waffensysteme erscheint auch der SPD/FDP-Regierung wichtiger als die Rettung vor der ökologischen Katastrophe. Für militärische Forschung stehen aus dem Bundesetat jährlich rund 1,15 Milliarden Mark zur Verfügung. Die Erforschung der Umweltprobleme förderte Bonn 1971 mit 55 Millionen Mark; 1970 wurden 26,7 Millionen Mark, 1969 rund 19 Millionen Mark bereitgestellt. Neben der völlig unzureichenden Finanzierung krankt die Umweltforschung an mangelnder Koordination der wissenschaftlichen Arbeit. Beispielsweise sind die ca. 40 Institute und Anstalten des Bundes, die sich mit der Umweltforschung befassen, sechs verschiedenen Ministerien unterstellt.

Wie schwach die Umweltforschung in der Bundesrepublik entwikkelt ist, zeigt eine Auswahl verschiedener Institute und deren finanzieller und personeller Bestand:

Die Bundesanstalt für Vegetationskunde, Naturschutz und Landschaftspflege – Aufgabengebiet: Fragen der Erholungsräume und der Landschaftszerstörung – verfügte 1970 über einen Etat in Höhe von 1,4 Millionen Mark. Davon entfielen 793 400 Mark auf die Personalkosten für u. a. 18 wissenschaftliche Mitarbeiter. An Forschungsmitteln blieben nach Abzug der sonstigen Ausgaben ganze 10 000 Mark übrig.

Das Medizinische Institut für Lufthygiene und Silikoseforschung, hier werden die gesundheitlichen Folgen der Luftverschmutzung untersucht, konnte 1970 insgesamt 3,7 Millionen Mark ausgeben. Die Personalkosten betrugen 2,36 Millionen Mark, andere Verwaltungsausgaben beliefen sich auf 0,63 Millionen Mark. In dem Düsseldorfer Institut arbeiten 25 Wissenschaftler.

Für Bau und Ausstattung des Zentrallabors für Mutagenitätsforschung in Freiburg investierte die Deutsche Forschungsgemeinschaft 3,44 Millionen Mark. Das Institut, dessen Wissenschaftler die Suche nach erbschädigenden Umweltsubstanzen aufgenommen haben, mußte sich von 1969 bis 1971 mit Zuwendungen in Höhe von 1,73 Millionen Mark begnügen.

Finanziell besser gestellt ist die nordrhein-westfälische Landesan-

stalt für Immissionsschutz in Essen, die das Ausmaß der Luftverunreinigung erforscht. Sie hat einen Jahresetat von rund 13 Millionen Mark; zwei Drittel davon sind Personalkosten.
Das Bundesgesundheitsamt in Berlin (das sich nicht nur mit Umweltproblemen beschäftigt) hat im Jahr mit 27,7 Millionen Mark auszukommen. Höhe der Personalkosten: 17,8 Millionen Mark.
Als Außenstelle des Berliner Instituts für Wasser-, Boden- und Lufthygiene soll in Frankfurt ein neues Zentrum der Umweltforschung entstehen. Für die Errichtung sieht das Bundesgesundheitsministerium nur 6,5 Millionen Mark vor.
Das baden-württembergische Arbeits- und Sozialministerium stellt für die Forschung auf dem Gebiet des Immissionsschutzes jährlich einen Zuschuß in Höhe von nur 40 000 Mark zur Verfügung.
Auch die Deutsche Forschungsgemeinschaft (DFG), der 1970 insgesamt 318,4 Millionen Mark zur Verfügung standen, scheint die vorrangige Bedeutung der Umweltforschung noch nicht erkannt zu haben. Ein paar Beispiele über den finanziellen Umfang einiger DFG-Projekte und Untersuchungen auf dem Umweltsektor:

Erforschung der Luftverunreinigung (Gesamtsumme der Zuwendungen von 1961 bis 1970): 12,5 Millionen Mark
Wasserforschung (im Zeitraum von 1949 bis 1970): 37 Millionen Mark
Lärmforschung (1963 bis 1970): 4 Millionen Mark
Schwerpunkt Litoralforschung – Abwässer in Küstennähe (1966 bis 1970): 3,988 Millionen Mark.

Forschungen zur Sozialfunktion des Waldes jährlich rund 1 Million Mark
Experimentelle Ökologie jährlich ca. 0,5 Millionen Mark.
Im Vergleich zu den Ausgaben für die Umweltforschung eine Liste der Zuwendungen für andere Disziplinen, deren Bedeutung für die Gesamtgesellschaft zumindest zweifelhaft ist:

Festkörperforschung (Physik), von 1964 bis 1970: 20,82 Millionen Mark
Strömung realer Gase (1966 bis 1970): 5,6 Millionen Mark
Werkstoffverhalten für Konstruktion und Formgebung (1963 bis 1970): 6,86 Millionen Mark

Halbleiterelektronik (1969/70): 3,33 Millionen Mark
Chemie unter extrem hohen Drucken und Temperaturen (1969/70): 2,65 Millionen Mark
Erforschung der Rotfäule der Fichte (1967 bis 1970): 1,35 Millionen Mark
Römische Provinzialarchäologie, Vor- und Frühgeschichte: 7,5 Millionen Mark
Vor- und frühgeschichtliche Besiedlung des Nordseeraumes: 1,73 Millionen Mark.

Die Diplom-Politologen Manfred Glagow und Axel Murswieck, beide wissenschaftliche Mitarbeiter von Professor K. Sontheimer in München, kommen in ihrer Studie »Umweltverschmutzung und Umweltschutz in der Bundesrepublik Deutschland« zu dem Schluß: »In der Prioritätenskala nimmt ... die Umwelt in der DFG keinen Spitzenplatz ein. Das hierfür zur Verfügung gestellte Finanzvolumen ist gering ...«
Die Münchner Politologen fahren fort: »Diese Prioritätenstellung scheint teilweise die Aussage zu stützen, daß die DFG in ihrer Förderungspolitik industrierelevante Vorhaben bevorzuge. In diesem Zusammenhang wird auf die personelle und finanzielle Verknüpfung der DFG mit der Wirtschaft hingewiesen. Inwieweit eine solche Verknüpfung inhaltliche Auswirkungen auf die geförderten Umweltforschungen hat, muß hier offen bleiben. Sicherlich ist – und das gilt für die gesamte Forschung an Universitäten und Hochschulen – die zum Teil enge Verbindung zwischen Industrie und Hochschule ein Problem ...«
»Zusammenfassend läßt sich sagen, daß die Umweltforschung bisher unter starken Beschränkungen arbeiten muß. Industrierelevante Forschung scheint ein besonderes Schwergewicht innerhalb der Forschung zu haben. Ohne die Notwendigkeit dieser Art von Forschung grundsätzlich in Frage zu stellen, birgt jedoch ihre Überbetonung auf Kosten der Grundlagenforschung die Gefahr einer Einengung in sich. So werden schon frühzeitig solche forschungsstrategischen Ansätze, bei denen man die möglichen ökonomischen Folgen und Kosten nicht übersehen kann, nicht weiter verfolgt. Nicht so sehr die Möglichkeit einer direkten Weisungsgebundenheit der Forschung gegenüber der Industrie soll hier betont werden,

sondern die Gefahr einer frühzeitigen, freiwilligen Einengung zuungunsten gesundheitspolitischer Bedürfnisse, indem von vornherein ein Kompromiß zwischen dem technisch Möglichen und dem wirtschaftlich Vertretbaren gesucht wird.«
In der Umweltforschung aktiv ist auch der Verein Deutscher Ingenieure (VDI), in dessen Ausschüssen über 5000 Experten aus Wissenschaft und Industrie mitarbeiten. Schwerpunkte der Umweltforschung im VDI sind die Kommissionen »Reinhaltung der Luft« (Bundeszuschuß 1970: 315 000 Mark) und »Lärmminderung« (1970: 150 000 Mark Bundesmittel). Vom VDI ausgearbeitete Umweltrichtlinien – zum Beispiel in Fragen der Luftreinhaltung – werden vom Gesetzgeber unverändert übernommen. Aus Bundes-, Landes- und DFG-Mitteln erhielt der VDI, wie die Münchner Politologen Glagow und Murswieck nachrechneten, von 1956 bis 1969 fast 14 Millionen Mark. Vorsitzender des Vereins Deutscher Ingenieure ist Professor Dr.-Ing. Walter Ludewig, seit 1934 in der BASF tätig und dort Mitglied des Vorstandes.
Skeptisch beurteilen die beiden Politwissenschaftler die Umweltforschungen des VDI: »Auffallend ist, daß die Interessengebundenheit des VDI, wie sie zum Beispiel von Bundestagsabgeordneten schon 1958 kritisiert worden ist und von Beamten des Bundesinnenministeriums erkannt ist, akzeptiert und als selbstverständlich angesehen wird.« Dabei beziehen sich Glagow und Murswieck auf Untersuchungen, die eine personelle, materielle und ideelle Verzahnung zwischen VDI und Industrie feststellen. In der Studie heißt es weiter: »Dies ist um so bemerkenswerter, als den Bundesbehörden kein Instrumentarium zur Verfügung steht, um die Ergebnisse des VDI nachprüfen zu können.«
Eine grundsätzliche Kritik an der Umweltforschung, deren Programme oft allzu kleinräumig angelegt sind, spricht Diplom-Volkswirt Fritz Lienemann vom »Zentrum Berlin für Zukunftsforschung« (ZBZ) aus: »Von wissenschaftlicher Seite fehlt es weniger an Neuentwicklungen einzelner Schutzeinrichtungen und an der Erkundung neuer Meßverfahren als vor allem auch an der Erstellung eines ökologischen Makromodells der Verschmutzungserscheinungen mit ihren wechselseitigen Verflechtungen und Abhängigkeiten, mit ihren ›Zukunftsaussichten‹, mit ihren lebensbedrohenden Alarmschwellenwerten. Nur vor diesem Hintergrund ist eine effiziente Koordination der Anstrengungen aller Beteiligten möglich.«